U0035870

文經文庫 219

學會談判

劉必榮 ◎著

文經社
Taiwan

COSMAX
PUBLISHING Co.
Since 1981

「前言

你也會是談判高手

如何成為談判高手？有沒有血統或天賦異稟這回事？

很多人對我說：「你花了二十幾年研究談判，一定是談判高手！」其實我很怕人家叫我「談判高手」，通常遇到這種恭維，我都回答他們：「不是！我自己買東西從來不談判的。」我還會加一句：「當然，如果談判技巧內化了，不小心發出來的不算！」聽者大笑。

其實談判是有高手的。要成為談判高手，你必須要不怕談判，很多人怕談判，認為談判傷感情，能讓就讓，吃虧就是佔便宜，不死人的事沒關係。如果是你自己的事也許有道理，但當你代表國家或公司出去談判時，你能抱著這種心態嗎？

人家打你代表國家的右臉，你連左臉也讓人家打嗎？不可能。或者你代表公司時，你還能清高地說「吃虧就是佔便宜」嗎？除非你打算丟掉飯碗。

其實談判不是耍詐，談判是用和平的手段解決雙方利益的衝突，如此而已！只要有人，就不可能沒有衝突；只要有衝突，就要想辦法化解。

有人怕學談判學得伶牙俐齒，其實那是談判沒學好。如果真的變得伶牙俐齒，表示你喜歡賣弄，當你忙著賣弄時，你怎麼聽人家講話？

你一個勁兒地在那兒高談闊論，人家話還沒講完就被你打斷或駁倒，氣得他當場一拳揮過來，這就不是一個好的談判模式了。

談判學得好的人，應該是大智若愚，因為重點是要解決問題。

反之，講話結結巴巴能不能談判呢？

講話結巴和能不能談判其實並沒有絕對關聯，結巴的缺點是不能把意見表達順暢，但講話結巴的人反而能成為很好的聽眾，留心聽就不容易錯估對方所說的，而且結巴者不會搶話，在談判時會表現得有點拙，而拙是一種美感。

如果表現得太神，心機太重，或太有謀略，往往不自覺地會引起人的防衛心，反而第一個倒斃在談判場上。

再者，如果人家有求於你，你講話再結巴，他也得聽你講完，因為談判講的是**power**。在談判中你有沒有大舌頭不重要，重要的是你有沒有談判的思維，人家為什麼來和你談判？你手中握有什麼籌碼？

所以，想成為談判高手？人人都有機會！那麼，如何學習談判？第一是透過上課；第二是多看實例；第三當然是多加演練。

談判學是術科，不是文科，看久了你總得實際下場操作，不練如何成為談判高手？刀磨久了，不快也光。

最後，如果真有興趣，不妨組成讀書小組，多讀、多想以便訓練談判思維。這本書就是用最簡淺的方法，方便訓練你的談判技術，讓你相信：

你也會是談判高手。

目次

Part 3 談判

Part 4 雙贏

Part 1

生活工作中，我們常因買東西、拉生意、討論、協商或談判而需要與對方「討價還價」。本篇在說明怎樣察言觀色？怎樣開口？怎樣看透對方的模式（pattern）、怎樣切入關鍵點？怎樣收尾？最後怎樣達到「雙贏」而皆大歡喜的結局。

殺價——充滿樂趣的談判

1 我殺、我殺、我殺殺殺

買東西如果不殺價，就不像買東西，所以怎麼殺很重要。這也是談判第一課。

談判的時候，不要讓對方看出你的模式（pattern）。如果讓人看出了你的模式，人家就會藉機調整戰術，這是必然的道理。

怎麼一買就後悔？

談判是一種生活，是一種思考方式，也是一門藝術，更是一種求生的技能。因為談判是一種生活，所以它和生活距離並不遠；談判不只是外交官與商人才必須學的學問，其實我們日常生活都在用它。最常見的例子就是「殺價」。

也許大家都有一個經驗，手頭上有點錢就想去shopping，出去觀光旅行也少不

買東西時，要先問自己真正要的是什麼。

了買點東西作紀念。
但回家後冷靜下來，卻發現買的東西都很無聊，錢好像不是花在刀口上。
在店裡看，怎麼看怎麼好，回家後怎麼看怎麼不好；本來看鐲子是鐲子，鍊子是鍊子，回去一看完全變了樣，鐲子、鍊子怎麼看都不對勁。
旅行中的 shopping 很容易買了不該買的東西，因為在那種氣氛之下，人很容易被影響，等冷靜一想，原來只是「瞎拼」一場。
買東西時我們有一種心態要對付，就是怕買不到的心態。我們去觀光旅遊時常想，不知道下次還會不會再來，可能錯過了就沒有了，這種想法有時對有時不對。
有時我們看中一件衣服，猶豫一下再回去，結果你的尺寸被買走了，於是後悔不已；但有時在觀光景點買東西卻不見得如此，依然是怕後悔的心態，心想：
「這地方我又不是常常來，這次不買，恐怕下次沒機會了，回去後悔也來不及了，好啦，就買了！」
但這樣做的結果，常常是一買回去就後悔了。所以買東西時，要先問自己真正要的是什麼。

怎麼比？比什麼？

其實生活上的 shopping 或買賣，也牽涉到談判的技巧，為什麼旅行的時候容易買到不需要、不划算的東西？

道理很簡單，因為人在資訊不充足的情況下，很容易被說服，自己沒有主見，都是導遊怎麼說、地陪怎麼說、店家怎麼說等等，你怎麼聽都覺得有道理，因為自己沒有充份的資訊，而且大家都在買，你大概也沒什麼時間去比價。

還有，就是旅行回來總覺自己買東西買貴了，和別人的一比，發現別家的便宜，於是懊惱不已，你買了一百五，別人只花一百元就帶回家了，但也許花一百元的也在那兒嘀咕也說不定，所以這就牽涉到一個問題：

「我到底是贏了，還是沒贏？划算不划算？該跟誰比？」

其實，這在談判上是沒有答案的，如果你心裡納悶：「不知店家賺多少？」這就又引出一個問題：

「為什麼店家不能賺？他辛苦賺錢，為什麼不能賺？」

所以，到底該怎麼比？

怎麼比都比不完，而且永遠沒有答案，所以通常我們應該跟自己比。

我到底是贏了，還是沒贏？划算不划算？該跟誰比？

也就是付錢之前，我們要問自己，你自己是不是真的喜歡這東西？價錢與你原先期待或預算的差多少？

如果你原先期待兩百元，後來你只花了一百五十元，那就是還不錯。

還有，跟別的店家比，你在你所有的選項中做比較，如果我買的價錢比別家可以選擇的價錢好，那就可以了。

殺價的第一刀

當然買東西如果不殺價，就不像買東西，所以怎麼殺很重要。

這牽涉到最後你能不能開開心心地把東西帶回家，花錢花得心甘情願。

你殺價的型態會影響老闆下一步的回應，如果你狠狠地殺，接下來就是看老闆的反應。如果你真的殺得太過份了，你作勢要走，老闆便不會留人，因為他沒有利潤可言。

但如果你看他的表情複雜，像是有螞蟻在爬，或者他把你拉進來，那就是十分靠近本錢了，再加一點點，就差不多是可以買的價錢了。

想想看，今天如果你想賣台舊車，你開價二十萬，心裡的底價是十八萬，結果等了將近一個月，乏人問津；好不容易到了第五個星期，張三來問了，表示很喜歡

第一刀砍下去後，立刻先觀察老闆的表情。

這輛舊車，於是開價十七萬八千。

這時你心裡一定真恨呀！怎麼就跟底價差那麼一點，你恨不得他砍狠一點。他開十五萬的話，你就可以很爽快地說「不」；但他開的價實在太接近底限了，你心裡在那兒作難，賣呀，還是不賣呀，臉上表情十分複雜。

張三如果機靈點，看你進退兩難，他再加一千，也許你心想，差一千，好吧，那就賣了！

所以，殺價第一刀砍下去後，先觀察老闆的表情。

你聰明，人家也不傻瓜

但談判都是看對方的行為，調整我的戰術。

如果你在店家把兩百元的東西殺了對折後成交，你興奮得不得了，跑去跟同團的人嚷嚷，難道老闆會看不出來？

他一看這樣，再有人去詢價，他也許早已把價錢提高，再來個對折。

所以，談判的時候，你要不要讓對方看出你的模式（pattern）？如果你讓人看出了你的模式，人家就會藉機調整戰術，這是必然的道理。

有些業務員去跑業務，談到最後是副總或總經理級的人出來，不管三七二十一

每個人都會學習，不是只有你一個聰明人。

再砍幾個percent，因為他仗著他是總經理，你面子總該給吧！賣方覺得很吃虧，怎麼原先價錢都談好了，主子出來又剝了一層皮？

久而久之，他也學聰明了，知道老總有這個習慣，他就預留一層皮給他剝，先留一點，老總出來才有東西給。

談判桌上是一個學習的過程，每個人都會學習，不是只有你一個聰明人。

和熟人談有一個好處就是彼此信任，但壞處就是彼此玩什麼招數也都清楚得很，殺價也是一樣，你很聰明，但人家難道不會應變？

得寸還要進尺

殺價還有一個問題就是，有些人不敢狠心殺下去，有人說在某某地方或某某市場買東西就要狠心砍三折，店家還是有賺；但你沒這樣玩過，怎麼樣就是砍不下去，心軟了。

所以有人便說那分兩段式砍好了，三折砍不下去，那先來個對折好了，這等於是分階段學習，慢慢地，就敢第一刀砍三折了。

談判學中有一套理論叫「門檻理論」，或說「得寸進尺」，談判學者發現，在說服的過程中，人好像跨過一個門檻，進入下一個階段。

在說服的過程中，人好像跨過一個門檻，進入下一個階段。

例如，你去買鞋，看中一雙鞋很喜歡，一看定價一萬元，你從來沒買過一萬元的鞋，怎麼樣也買不下去，一旦你一咬牙，買了生平第一雙一萬元的鞋之後，你會發現你的格局變大了，眼界也變高了，等到下一次，你所能接受的價錢就遠超過一萬元了。

所以一萬元就是一個門檻，只要跨過去，就到了下一個門檻邊了。

說服別人時也是一樣，這就叫得寸進尺法，好像買東西或是往上加價一樣，是一個門檻、一個門檻地跨，所以殺價時也是一個門檻、一個門檻地殺。

殺三折不敢，分兩段做，先殺五折，再殺三折，是否就比較敢了呢？

老闆的臉色就是底價

當你上街買東西時，這樣的經驗你可能一點也不陌生。

當商家開價一百，你狠狠殺到五十，對方不接受，你就破局走人，走時回頭觀察一下老闆的臉色。

如果他不來拉你，表示你已經砍太多了，老闆拉你回來也沒有用。

如果你看他臉上表情有點複雜，似乎猶豫要不要接受，表示差不多就在他能接受的底限了。由於太接近底限，所以才會尷尬、躊躇，又面露難色。

殺價殺到太接近底限，對方才會尷尬、躊躇，又面露難色。

買方、賣方，變、變、變

這裡有一個商場上試探行情的實際精彩例子。

有一對夫妻為了買房子的事吵架了，他們原先住那棟大樓的四、五樓，但小孩長大了不夠住，這時發現三樓打算賣，太太於是跟先生說：

「我們去跟三樓表示我們有買的意願。」

先生直說：「不成，不成，你現在就跟他們說有意願，那對方豈不是拿翹了？最好再等一下，否則人家拿翹了，價錢就降不下來了。」

太太還是堅持，如果想買，最好還是儘早讓人家知道，再悶下去，萬一紅紙給人一撕，房子賣給別人了，到時再跳腳就來不及了。

夫妻倆吵翻天了，於是太太跑來問我的意見，我在談判課上跟同學討論，有同學建議找仲介去試探口風，看對方是不是有賣的意願，這是傳統的方式。

有一個同學便想問這位太太，她到底是想買，還是想賣？他問：

「如果買不到三樓的房子時，妳會怎麼辦？」

那太太回答：「如果買不到那只好認啦，我把房子賣了，再去買個大的。」

這同學就建議不妨到樓下去問，但不說要買，而是跟屋主說你也要賣，當成是

談判時換個方式，常獲得最有利的結果。

交換一點資訊。這時樓下的屋主一聽可能覺得不妙：

「同一棟大樓這麼多層在賣，那我的賣不出去怎麼辦？價錢如果不壓低些，豈不是沒有競爭力了？」

所以這太太一問，可能造成屋主向下調整他的底限和期待，到最後再來個改變策略，跟屋主說：

「唉呀，我的房子住不下，既然你在賣房子，那我就跟你買算了！」

原先兩人是站在同一陣線，彼此交換資訊的，所以屋主的底限在哪兒，這太太都清楚得很，屋主這下想漲也不好意思了。

這招算不算耍詐？

這太太其實原先就計劃三樓如果買不下來，是要賣房子的，所以不算說謊。

她先以賣方的姿態出現，但她同時也是可能的買方，只是沒說出來罷了。如果早用這招的話，夫妻兩人也不必吵架了，換個方式，獲得最有利的結果。

2

你聰明，我傻瓜　只能有一個笨蛋

在談判裡，只能有一個笨蛋，那就是我們「自己」。要讓對手覺得他比你聰明，很高興地回去，下一次才有機會再談，如果他談得灰頭土臉，大概下次也不會再和你談了。

為什麼「仲介都這樣！」

朋友最近看到了一個房子訊息，打電話去詢問，談著談著，覺得這聲音挺熟悉的，原來就是以前幫他賣房子的仲介。

於是朋友逮著機會，跟這仲介抱怨一番，以前仲介幫他賣房子，根本就賣得太低，讓他事後懊惱不已。

朋友氣死了，罵說：「仲介都這樣！」但仲介究竟是「怎樣」？

令他不服的是，仲介現在賣的這個房子價錢很好，為什麼當初替他賣房子，價錢卻那麼低，為什為待遇差這麼多？

仲介聽了他的抱怨，只有苦笑。我朋友告訴我，這好像成了仲介的慣用手法，當初跟他說一坪賣多少多少，價錢非常好，而且一定賣得掉，講得天花亂墜。但真正賣的時候，卻又跟你說賣不掉，拼命壓低賣方的價錢和期待，最後你被說服，以為行情真的這麼低，於是就將房子脫手了，後來才發現價錢賣低了。

朋友氣死了，罵說：「仲介都這樣！」

永遠有效的「仲介說辭」

我的朋友說得沒錯，先升高與再降低期待，的確是仲介的標準戰術，他的第一步是先提高你的期待，讓你覺得這房子很棒，他很會賣，甚至他會表現出比業主更愛那房子。

提高期待後，基本戰術第二招就是「悶」，他會嘀咕著說房屋市場疲軟、兩岸關係不穩定、政局不安之類的，所以房子賣不掉，他就這麼悶著，於是迫使業主主動說，房子是不是要壓低價錢賣呢？仲介還會故作姿態：

「為什麼要壓低價錢呢？這房子很好賣，交給我來賣！我們再拗拗看！」

大家都知道仲介的遊戲規則，但這招卻一代傳一代，屢屢見效。

於是又拗了兩、三個星期，結果還是沒賣掉，業主急了，於是跑去跟仲介說，咱們還是降低價錢吧！這時仲介便立即回答：

「好吧！既然您堅持的話。」

雖然經過交手後，大家都知道仲介的遊戲規則，但是這招卻一代傳一代，屢屢見效。

越想買的人越不敢賭

再舉個例子，比方你去看房子，看完之後，你跟仲介說：

「我回去和太太或先生商量一下。」仲介十之八九會告訴你：「你回去商量看看沒關係，但有個張太太、王太太、李太太的也回去商量，她說明天十點給我回話，你如果能趕在十點以前答覆的話，我房子就保留給你，過了十點就來不及囉！我就沒把握房子還有沒有囉！」

這一招同樣也是仲介的標準話數，但很多人明知張太太、王太太、李太太是掰出來的。

可是如果真中意那房子，誰敢賭呢？越想買越不敢賭！「萬一」真有個張太太、王太太、李太太呢？

仲介的遊戲規則，雖然大家心知肚明，卻仍然玩得下去。

基於人的這種心理，這就是為什麼仲介的遊戲規則，雖然大家心知肚明，卻仍然玩得下去的原因。

陷阱不是一次掉進去的

還有一個例子，有個朋友跟仲介說：

「我這房子一定得賣個九百萬，不到九百萬，抱歉不賣！」

仲介一口答應，承諾說每天跟這朋友回報，比如說今天有人出了多少錢，但被我回絕了，因為知道業主不會賣。

仲介每天都回相同的話，久了以後，業主自己也開始在鬆動了：

「是不是價錢太高了？」

仲介的日報其實很有可能是假的，但水滴石穿，久而久之，業主自己的底線便開始不斷往下掉。

仲介在這個例子中顯得心機很重，但也許是遊戲手法高明，因此業主在和其交手時，往往不會發覺，而一步一步走向仲介所玩的遊戲裏。

業主在和仲介交手時，往往一步一步走向仲介所玩的遊戲裏。

先「悶」一下再說

然而要注意的是，談判時如果表現得很有謀略，或心機太重的話，大概沒有人想和你談。

所以談判桌上，只能有一個笨蛋，那就是我們「自己」。

要讓對手覺得他比你聰明，很高興地回去，下一次才有機會再談，如果他談得灰頭土臉，大概下次也不會再和你談了。

做生意尤其如此，不可能只做一次生意，所以拉鋸戰中只能有一個「笨蛋」，那就是自己。

如果對手表現出對你不信任，就更不要油嘴滑舌，而是要認真地分析給對方聽或回應對方，也就是「悶」的策略。

在談判裏，「悶」不是詐術，而是心理戰術。仲介悶一下，可能賣主需要錢，價錢就有調整，買方的情況也有改變。

所以仲介若要玩得高明，就是不要表現得心機很重，並且創造服務的價值。不然買方賣方直接交易就好了，又何需你從中作梗呢？

「悶」不是詐術，而是心理戰術。

3 會殺的不算談判 會收的才是談判

談判收尾共有五種可能的結果：贏、和、輸、破、拖。到底要哪一個，有時根據實際狀況作決定，有時根據你的實力作決定。

會挑貨的才是買家

談判到了最後，總算可以鬆一口氣了嗎？

不，談判若要收得漂亮、收得有技巧，難矣！先從一個故事開始。

有一回在演講場合上，一位年輕的先生和我談起他買房子的經驗，他和售屋小姐殺價到五百九十萬，還想再往下殺，於是老闆親自出馬了。

談判若要收得漂亮、收得有技巧，難矣！

這時買方就開始嫌了，嫌這房子顏色不對，樑柱不對稱等等。俗話說：「會挑貨的才是買家」，這老闆也心知肚明。

後來賣方同意以五百八十萬交屋，但有一個條件就是必須當場做決定。

買方說要回去考慮考慮，商量商量，畢竟買房子花的不是小錢，但老闆很堅決，如果他回去了，隔天再來，還想再殺，那就免談，也就是說出了這個門再回來，價錢就回到五百九，絕不二價。

因為買方嫌東嫌西地，而老闆已經照買方所要求地減價了，如果還不買，出了這個門，你這傢伙就不是理想的買主了，老闆要買方自己想清楚。

看起來，這老闆的要求似乎一點也不過份。

這先生迫於情勢，於是當場決定買下來。

只能有一個聰明人

事後這位買主來找我，我問他：「你買這個房子後悔嗎？」

他說：「不後悔！我住到現在沒有後悔！」

我問：「那貴嗎？」

他說：「不貴！因為附近的房子都要價六、七百萬，這房子品質好、價錢優。」

要建立長遠的關係，在收尾時就要讓對方覺得很開心。

於是我再問他：「你爽不爽？」

他說：「不爽！因為始終有被老闆強迫的感覺，所以不爽。」

但是不爽卻還是買了，總覺得老闆的方法不妥，使他心裏老是有疙瘩在。他問我，為什麼這老闆不讓我爽呢？

的確，如果要建立長遠的關係，在收尾時就要讓對方覺得很開心，或讓他覺得他很聰明，才會有下一次的談判。

換句話說，談判結束時，談判桌上只能有一個聰明人。這就是為什麼談判的收尾難矣。

收尾要看底限

我聽完他的故事，心裏就想，他為什麼要讓你爽呢？

對買方來講，到底務實重要，還是面子重要？

如果不買老闆的帳，一聽現在不買隔天要漲回五百九，就火大了，不買！決定不受威脅，那我要問的是，你買房子是買一個「爽」字嗎？

如果你離開，回去發現很喜歡這房子，第二天再來，如期漲價了，結果只為了買當下的爽，就多付了十萬，那就爽了嗎？

談判之前，每個人心裏會有個底限，就帶著這個底限上桌談判。

或是在你不爽的情況下，決定買別家，卻眼睜睜地看著自己喜歡的房子被買走，直到買了別家後發現地點、坪數等，也沒有先前那一家理想，這時才後悔：

「當初要什麼帥呢？」

但這當中有一個玄機，就是談價錢的時候都已經下午六點了，無論如何不可能半路再殺出個程咬金，老闆不會再有另外一個考慮買者來搶這個房子，但他態度卻很堅決。

所以這牽涉到底限的問題，收尾要看底限，談判之前，每個人心裏會有個底限，就帶著這個底限上桌談判。

帶備案不帶底限

在這個故事中，賣方由原來的五百九十萬降到五百八十萬，是他的底限。至於買方原來的底限，則是不超過六百萬，因為附近都是六百多，所以五百多萬是比他的上限還要低的價碼。對賣方來說，就是要爭取比底限還要高的價碼。

但許多談判學者建議，上談判桌的時候不只要帶著你的底限，而是要看有沒有別的「選擇」，所以要帶的不是底限，而是備案。

舉例來說，那附近的房子都是六百多萬，於是你訂了一個六百萬的底限，到底

底限是沒有意義的，因為這個底限只會使你什麼都談不到。

是怎麼訂的？

可能是隨便訂的，也有可能是手頭現金有六百萬，但這個底限卻是會變動的。如果遇到真正喜歡的房子，你的底限可能就不具參考價值，因為你會想盡辦法將它買下來，你可能會去貸款，所以六百萬的底限是虛的，不是真的。

如果你真帶著這個底限上桌談判，結果發現每個人的底限都超過六百萬，於是你也把底限往上調，所以這個底限是沒有意義的，因為這個底限只會使你什麼都談不到。

因此學者才會建議，不是帶底限上桌，而是和你自己的備案比。

備案決定了結果

套上先前買房子的例子來看，你從五百九十萬談到五百八十萬，比你原先的底限六百萬要低了，但這不重要。

真正重要的是，你如果不買這個房子，這附近還有沒有同樣大小，類似格局，你看得上眼的選擇？它的價錢又是如何？這就叫「備案」（alternative）。

如果你原先看中意的房子，比別的備案都好，那就是可以接受的。所以就不再是和你原來的底限比，是和你的備案比，因為底限隨時可能變得不實際。

談贏、談輸都和備案有關，備案是決定你該不該收尾的重要關鍵。

例如附近的房子都是六百多萬，談判桌上所有人的底限都超過六百萬，或者你看中意的房子是六百零五萬等等，重要的它是否比你所能夠選擇的都要好。因此，談判帶著備案，可以成為你決定要不要接受的標準，也讓你不會錯失良機。談贏、談輸都和備案有關，備案是決定你該不該收尾的重要關鍵。

在何時畫下句點

有一個問題是：你的備案是什麼，如何知道別人的價錢是什麼？答案很簡單，那就要靠你自己搜集情報了。

情報如何搜集？再說一個例子，是一個先生要租房子的故事。

他無意間看到一張房屋出租的紅單子，屋主要價三萬多，他心裏就躊躇著到底要不要租。

他回去想了想，就想瞭解行情，於是到仲介公司去，當天晚上仲介就帶他去看了同一區的房屋，同樣大小，房東要價四萬多，於是他就放棄貴的這一邊。

第二天他又回到白天看的那個房子，沒想到房東說現在價錢是四萬多；但昨天不是說三萬多的嗎？

原來房東覺得不夠瞭解行情，所以等他看完房子之後，竟然也去打聽市價。

談判收尾最大的難題，就是時機。

房東問了自己的叔叔，因為叔叔也正在出租房屋。叔叔竟說透過仲介可以租到四萬多，於是房東一天之內決定漲到四萬多。

多巧，他昨天晚上碰到的房東，其實就是白天那房東的叔叔，而且他們全家族都住那一區。

他知道後傻眼了，白天沒有當機立斷，一下子價錢漲這麼多。我問他：「白天那房子，他看了價錢滿意嗎？」

他說：「還可以，價錢也不算貴，付得起。」

我問他：「不貴為什麼不租呢？」

他回說：「因為第一次看，沒行情，所以決定先打聽一下再決定。」

這個例子就說明了談判收尾的最大難題，就是時機。

不要老想著要贏

到底什麼時候該收尾？前一個租房子的例子裡，三萬多時就可以收尾，可是又不知道價錢合不合理。

坦白說，這位先生搜集情報，何錯之有？但你要打聽，別人也要打聽，一打聽之下，一天之內價錢上漲一萬。

就你一人獨得所有好處，其它人都是笨蛋？那這結果能持久嗎？

你心裏可能會很嘔，心想真是虧大了！白天沒有當機立斷，真的損失不少，心裏懊惱不已。

但反過來替那房東想想看，如果他以三萬元租了，之後問了他叔叔，發現叔叔以四萬多也能租得出去，這回換成他懊惱不已，這個協議就不是雙贏的協議。

因為如果你贏他輸，如果當中遇到房子需要維修，房東他心裏更是不快。說不定約到期了，就馬上把你趕走，因為他已經虧了，難道要再繼續虧下去？

這裏點出談判的一個重要觀念：

「不要老想贏，就你一人獨得所有好處，其他人都是笨蛋？那這結果能持久嗎？」

談出雙贏的局面

在談判中，如果達成了一個好的協議，一定有其客觀標準，使協議可以執行。

如果最後結果造成對方不愉快，對方因為反彈可能就會偷著來，所以談判最好能造成雙贏的局面。

回過頭來看房東這一邊，如果他以三萬多租出去了，叔叔的房子四萬多卻晾在那兒好幾個月，那他也沒什麼好抱怨了。

一個好的協議，一定有其客觀標準，使協議可以執行。

但如果他租三萬多，叔叔租四萬多也當場租出去了，那他就虧了，問題是要如何挽回？

如果你是那房東，你想反悔了該怎麼辦？

有一個方法是，如果還沒簽約，那麼考慮租期不要太長，或者，加入變數，要求談判重談，理由是情況改變。

例如推說兒子要結婚要收回房子，如果房客不配合，那就談加價；再不成，有些人甚至違約賠訂金也在所不惜，因為訂金和每個月所損失的比較之下，兩害相權取其輕。

「破局」了才可以再談

不只房東有狀況，房客這邊也可能遇到難題。

曾經有一個房客來找我談，他是一家大哥大公司的員工，該公司租了一間房當作機房，租金是一個月兩萬五，然而附近的房子都是兩萬上下，價錢已經比別人貴了，沒想到要再續約時，租金一下子漲到六萬，因為屋主說你們大哥大公司賺很多錢，所以租金要調漲。

客觀來說，如果我是大哥大公司，我賺多少錢，和我應該付租金多少錢是兩回

敢破的決心，不是耍帥或逞一時之勇，而是因為有「備胎」。

事，因為房子有本來的行情。所以房東提出來的理由很牽強，但他大可不必管理由合不合理，因為談判講的不是理由，而是power，是權力！你是否有求於他？你有求於他，他就有理由，你沒有求於他，他講得再冠冕堂皇、天花亂墜也沒有用。

我建議大哥大公司的這位先生，你先心理準備好「破」的機會，因為所有的談判之所以最後會被對方勒索，是因為不敢破，說什麼搬家很貴，但仔細算算，一期租約五年，一個月租金六萬，到底哪個貴？

如果對方算準了你機房不敢搬，就對你予取予求，那真的是後患無窮。「破局」了才可以再談，抱著敢破的決心，不是耍帥或逞一時之勇，之所以敢破是因為有「備胎」，先把備胎找好，看看原屋主的價錢和備胎差多少。

五種可能

上一個例子說到，房東因為價錢租得低了，所以後悔，但也有房東可能因為房客的因素後悔。

例如雖然租金價錢好，但房客卻不是他喜歡的，可能是交際複雜，也可能是不會愛惜他的房子等等，他可能看重房客勝過租金。

有的房東把出租房子當作是交個朋友，價錢反而不是那麼重要，所以這裏談判

贏、和、輸、破、拖，是五種談判收尾可能的結果。

牽涉到一點，就是到底是輸得起，還是破得起？

談判收尾共有五種可能的結果：贏、和、輸、破、拖。

到底要哪一個，有時根據實際狀況作決定，有時根據你的實力作決定。

有時我也想要帥，談判談不攏，我就破，拍拍屁股走人，但我沒有要帥的本錢，所以最後我是沒辦法要帥的。

或者，我不想輸，而我又破得起。如果我是房東，我對價錢不滿意，想反悔了，如果我評估自己的能力破得起，那就破吧！該賠償、該退還的就去賠、去退，所謂兩害相權取其輕。

如果破不起，那就拖時間，等我的權力改變了再談。

4 抓原則、想例外，談判永遠有例外

留一個出口讓客人可以進出，人家下次才會再度光臨。但有沒有例外的情況呢？盡信書不如無書。談判永遠有例外，這也是我們為什麼要抓原則、想例外的原因。

不斷增加甜頭

談判之所以發生，第一個條件是，必須有一個僵局，而且是無法容忍的僵局。人通常不會無緣無故去找人談判，大多數的人都是到了最後關頭，問題鬧大了，不得不解決的時候，才想到談判的必要性。

可是單單有一個無法容忍的僵局，還不足以保證談判一定會發生，還得要有第

想把對方留在桌上，就要不斷鼓勵他，讓他感覺談判有可行性。

二個條件配合，就是談判的當事人必須體認到，單靠他自己的力量，無法解決這個僵局。

也就是說，雙方必須體認到自己能力的侷限性，這樣才會認真把對方當作夥伴，共同解決問題。

第三個條件就是雙方要覺得，透過談判解決問題是行得通的，而且會獲得比較好的結果。

換句話說，你要讓人上桌談判，是要讓對方覺得談判是有可行性和可欲性，就是他必須感覺得跟你談是談得通的，然後他才願意上桌，否則他不見得要選擇談判做為打破僵局的方法。

一旦他認為談比不談好，他就會留在桌上，如果他覺得談比不談差，他就走出去了。

並且談判時，你必須讓他看見有出口，這就是外國人說的，要讓他看見隧道那頭有光亮，他才會進來，如果他覺得隧道被封了，說什麼他也不會進來，最後連談都談不成了。

要談判，你要設法把對方留在桌上，你要不斷增加甜頭，不斷鼓勵他，讓他感覺談判有可行性。

給客人留個門出去

同時，你不能關門，要預留出口給對方，所以門必須開著，讓他有退路，你如果讓他感覺他被困了，出不去了，他就不敢進來。能出得去，他才敢上桌。

舉例來說，你到店裏買東西，如果店員老跟在你旁邊，你的壓力好大，只想敢快閃人，因為人都有一種心理：

「萬一我沒買，人家陪了半天，那多丟人呀！」

你為什麼要閃人，因為你怕等一下出不去。所以這個店員犯了一個錯誤，就是緊盯著顧客，一不小心就把門給關了。那他應該怎麼做呢?他應該說：

「先生小姐，我就在您旁邊，有需要的話告訴我，我就來為您服務。」

然後他就離開，讓顧客慢慢逛，但他不是真的就走掉了，他是坐在那邊，隨時待命，或者看情況適時向顧客說明產品。

這就是讓顧客有門可以出去，顧客反而不會急著衝出門。

引進門後再關門

有時候店家所營造出來的感覺，常和顧客的期待有落差。好像先把你引進門後

讓顧客有門可以出去，顧客反而不會急著衝出門。

他所提供的服務，實在和我的期待有落差啊！

再關門似的，這是發生在我自己身上的例子。

一九八四年，我在美國唸書，兒子出生後的第一個聖誕節，兒子穿著外國朋友送的一件小衣服，上面寫著My first Christmas，很有趣，我們全家一起去照全家福。

剛好住家附近有一個照相館，促銷標語寫著：

「全家福一張一塊九毛九！」

我們很高興地進去照了，攝影師喀擦喀擦連照好幾張，然後叫我們先回去，過幾天再去看毛片。

去看毛片前，我就跟太太先互相約束、互相砥礪一番，我們就挑一張，我如果買多了，妳就點我，如果妳買多了，我就點你，為了省錢，精神喊話，然後就進去店裡。

老闆一看我們進去，忙不迭就說：

「你們這照片照得好，選照片要有點耐心，店面這邊人來人往太吵雜了，我們到後面看。」於是就把我們帶離現場，走過一個走廊，走到後面專門看照片，那個地方很漂亮，原木的桌子，上面有盞蠟燭，羊毛沙發，悅耳的音樂，還有兩杯咖啡招待。環境優，又隱密，但我卻渾身冒汗，心裏直盤算待會怎麼閃人。

他所提供的服務，實在和我的期待有落差啊！一張一塊九毛九的照片，我只想拿了趕快閃人，我不想坐下來喝咖啡呀！剛好這時有人敲門，我們心想：

「現在閃正是時候！」

原來是老闆的電話，等老闆去接電話，我們剛好趁機閃人！沒想到老闆門一開出去，就把店員罵了一頓：

「跟你講幾遍了，我在陪客人看照片，看照片是最重要的事情，哪有什麼事情比看照片更重要的？什麼電話都不接！」

碰的一聲就把門關上了，回來之後忙說：

「不好意思，店員不懂事。」

結果本來已經開的門，又關上了，這下我的汗更如雨下。如果本來是一塊九毛九，關上門後變成一百九十九。

像這家照相館這麼個玩法，我發誓下次再也不會去光顧了。

抓原則、想例外

留一個出口讓客人可以進出，人家下次才會再度光臨。但是有沒有例外的情況呢？

賣高級房屋就是一種例外，如果你賣高級別墅，你接待客人的地方絕不能在大

盡信書不如無書，談判永遠有例外。

廳，因為那裏吵雜，所以必須要有隔間，最好還有布幕或窗簾遮住，保持隱密性，在裏頭泡杯咖啡慢慢看、慢慢談，讓顧客賓至如歸，備受禮遇，這才能襯托出買客的身份、地位。

於是這種交易方式恰好和前述的例子相反，前面說要留一扇門讓人可以出得去，這裏卻是一間、一間隔起來，所以原則歸原則，還得要視情況做改變。

買高級房屋畢竟不同於逛街買衣服，來看房子的人也許不希望被別人看到他來看房子，因而認為他是暴發戶，或者買房子的人有這種期待，他認為這房子是高檔的，因此也應該有高規格的接待，因為有身份、地位的人往往十分注意隱私。

盡信書不如無書。談判永遠有例外，這也是我們為什麼要抓好原則、想例外的原因。

先破後立

中國人常常不敢「破」，因為老祖先說「以和為貴」。

但談「和」，卻經常面臨問題。

例如人家不跟你和，你很溫和，但對方是個無「理」頭，你很好心，但對方卻很兇，沒想到我的好心是「明月照溝渠」，根本沒用，那該怎麼辦？

有時候，談判必須破局，先破了之後再說。

所以，有時候，談判必須破局，先破了之後再說。

但對於破局，許多人有心理障礙，害怕萬一破了回去被上司罵。

要對付這種不敢破的心理障礙，首先不要怕別人的眼光，不敢破是怕別人認為你很兇，怕從此你就沒人緣了。

再來，做好萬全的準備，破局前先預備好白臉，並且想好萬一不行的時候怎麼辦，或者最壞的情況下你該怎麼做，先為自己找好退路。

所以先破除心理障礙，再者先找好退路，這樣就不必怕破局了。

破局和說「不」不完全一樣，破局當然要說不，但說「不」卻不等於破局，說「不」之後可能談判過程仍舊繼續著，只是對方丟了球過來，我不接。

所以說「不」之後，是等著對方出第二張牌，或丟第二顆球，破局卻是擺出結束談判的姿態。而破局目的有六個：

一、瞭解賣方底價

在商場上，破局是買方用來瞭解賣方底價的手法。

有的買方在眾家賣方之間游走，和張三說，李四要賣他；和李四說，王五要賣他；和王五說，張三要賣他等等。他的目的就是砍價。

如果老闆扮了黑臉，白臉可能就是他的秘書。

如果你是賣方之一，也可以伺機破局，免得無利可圖。破是破給對方看，如果買方的主要對象是你，別人只是陪榜，他的目的是測試你的讓步空間，等破了局後，買方便可能派白臉過來，收拾殘局，說再讓一點點就成了。

如果老闆扮了黑臉，白臉可能就是他的祕書，所以祕書就是第二個上來和你談的人。

商業上的採購經常需要貨比三家，無可厚非，但當你身為競爭者之一，眼看買家游移在眾家廠商之間，實在是消磨耐性，甚至有時買家早已鎖定某一家廠商，這時你到底該不該破局，結束遊戲？

照理說，應該破局，免得再浪費時間，但有時陪玩也是累積人脈的一種方法，陪久了說不定哪一天就輪到你了。

或者這場遊戲按不成文規定，是三家分食，今天乙家廠商得標，另外兩家陪玩一下，下回就輪到你們了。

二、弱勢者找出切入點

破局常是弱勢者找出談判切入點的方法之一。

例如美國廠商找你的公司代工，你想知道他為什麼大老遠找你代工，你心裏知道他大老遠來，你一定有你的強項。

但談判過程中，美方老是殺價，於是你只好破局，造成外商緊張，於是才有談判契機。

如果弱者不破，不把關鍵引出來，談判就沒有切入點。

對方老是殺價，於是你只好破局，造成緊張，才有談判契機。

三、引出「藏鏡人」

破局以便引出「藏鏡人」，也就是我不想再跟代理人（agent）談，我想和委託人（principle）本人談，或者我不再跟業務談，我要和上司談。

一旦破了，我也可以趁機看看市場上有哪些人會冒出來，可能我的資訊有限，還有一些商場上的對手我不知道的。

這一破，看看哪些人會沾沾自喜，早在那兒伺機而動。

甚至有時破了局，還可以找出內奸，破了就使他原形畢露。

有時破了局，還可以找出內奸，破了就使他原形畢露。

四、引蛇出洞

資方面對散沙一樣的勞方，也常誘使勞方沉不住氣，終於罷工，但一罷工後，整個工會就潰散了。

資方希望引誘勞方罷工，所以破局；但勞方一罷工，資方就知道勞方真正撐不了多久。

美國的勞方在罷工前經常開會，一直開會就是不罷工，造成一種山雨欲來風滿樓的高壓氣氛，人心惶惶，緊張不已。

但資方卻在那兒捻著鬍鬚盤算著，最好談判破局，勞方罷工，就沒有工資可拿了，或者勞工面臨失業的壓力。

資方所盤算的是，沒破局前，你勞方以為自己很了不起，那你就罷罷看。所以資方已經預備好破局。

接著在談判桌上，資方用話去激勞方，就是「量你也撐不了多久」的心態，如果對方膽敢罷工，他就立即將為首的人撤職。

勞方跑去問律師，律師說，這樣資方在法律上站不住腳，不可能解聘的，於是談判桌上一被引動，勞方便真正罷工了。

在勞資談判中，佔優勢的資方常常玩這招。

一罷工，發現情勢果然於勞方自己不利，許多人面臨失業，結果資方在這次談判取得了上風。

五、促使第三者介入

前幾年美國西岸，發生美西封港就是這種典型的例子。工會罷工，資方不願受勞方要脅，最後造成美國西岸二十九個港口封港，引起聯邦政府介入調解僵局，這就是引爆衝突，升高情勢，看看誰會進來。

所以有時我們吵架吵得很大聲，是為了看看誰會進來，第三者進來調停，我就有機會下台。

六、先破後立

我先提出一個你完全無法接受的提議（offer）或條件，例如價錢突然爆漲百分之五十，你完全無法接受，然後我再跳出來講：

「你不能接受我完全理解，我回去向老闆報告吧！」

之後再說，老闆也知道情況嚴重，但石油價格不斷攀升之類的，但我再回去爭取看看，看可不可以不要那麼貴等等。

破局可使情勢升高，促使第三者介入。

破局本身就是一場遊戲，目的是為了得到好價錢、獲得資訊，或者造成人的改變。

也就是我的目的不是漲百分之五十，可能是百分之三十，但以百分之五十引爆，再降回百分之三十，達到目的。

所以，這樣看來，破局本身就是一場遊戲（game），目的是為了得到好價錢、獲得資訊，或者造成人的改變。

敢破才知道空間有多大

破局可能造成難堪的場面，例如氣氛很火爆，摔電話、口氣很兇、拍桌子、甩頭走人然後用力摔門等等。

但是，非得這樣不可嗎？難道沒有不同的破法？

其實怎麼破局是一門藝術，有時必須唱作俱佳，在談判裏，上桌有上桌的技巧，下桌也有下桌的技巧，就像唱戲一樣，上台、下台都是戲。

談判中有一招叫「先破後立」，談判時你若是賣方，你最好「敢破」，然而你造成「不」，最終的目的卻是「好」，破的目的其實是立。

中國人的問題出在不敢破，忘記其實破了之後才知道有沒有空間。

一個東西你從一千元一下子提高價錢到一千五百元，價錢的不合理是刻意激動買方「不」，此時你再調降至一千三，買方見價調低，可能會說「好」。

中國人的問題出在不敢破，忘記其實破了之後才知道有沒有空間。

但如果你是買方時，你便要小心陷阱，以剛才的例子來說，你是買方，一聽到一樣東西從原本合理的一千元變成一千五百元，你當然很生氣，於是拒絕買，你嫌那東西功能不好，竟然還賣這種價錢，賣方一聽，就順勢說：

「那王先生，你說這東西功能不好，我還有一台功能更好的，只賣一千八，你要不要看看？」

你當然不妨看看，賣方於是說，這一台功能更好，而且三年不必換機種，和前面那一台只差三百元，於是你被說服，就買了。

其實，你不是多花三百元，而是多花了八百元，將近一倍的價錢，因為原先你只需要花一千元的，一千五只是賣方拿來「墊一下」的，他的目的正是一千八，賣方的這種招數就是談判上的陷阱。

放一點「測試氣球」

我丟出去看你的反應如何，再決定下一步該怎麼走。

談判時照理說是你來我往，我這邊先出了一張牌，對方反應是可以接受就達成協議，如果不能接受，他再出一張牌，看我這邊能不能接受。

但有時候，你出了一張牌之後，對方沒反應，但他也沒有離開，於是你又出了第二張牌，他也沒走，你以為他真的很有興趣，於是又出了第三張牌，造成談判中某一方一直出牌，這樣到底好還是不好？

假設你是垂直出牌，你先出了一張一百元的牌，見對方沒反應，你又出了九十，再出八十，照理說這是不能接受的，因為在這裏，談判根本沒有發生，是你和自己在談判。

但如果是水平出牌，又另當別論。例如你提了三種方案，你問對方：「王先生，我知道這三種建議和你的理想都有點差距，但這三種方案代表三種組合，你能不能告訴我哪一種比較接近你能接受的方向。」

如果對方說，A方案還比較像是人話！那你就再循A方案往下走，A1、A2、A3等等。

所以你丟出的幾個建議方案，其實是測試氣球，我丟出去看你的反應如何，再決定下一步該怎麼走。

Part 2

人際關係、情場或商場，說「不」是藝術。不是為了反對而說「不」，也不是因為不爽而說「不」，而是為要配合談判策略才說「不」。說「不」的「開門」、「關門」中，必須誘敵深入、戛然而止，最後是要達到不戰而屈人之兵的談判目的。

說「不」——其實一點也不難

5 有勇又有謀，說「不」很自然

談判裏說「不」是正常的，如果你對對方的要求，完全沒有招架能力，那何不直接叫對方下命令就好了？說「不」是一種戰略，不是為反對而反對，也不是看你的心情。

勇敢說「不」

談判裏有一種說法，就是要勇敢跟對手說「不」。

中國不太會說「不」，說好聽點是處事圓滑，很難拒絕別人。說難聽點，就是跟自己過不去。

主管或朋友要你做什麼事，明明無力應付，卻還要勉力為之。或你實在很想說

讓對手說「好」的另外一面，就是要自己勇敢的說「不」。

不，又怕逆了人家的心；但是如果不說不，是傷了自己的荷包，實在是兩難。

之前的單元我們說，讓對方先從小的「好」開始，等「好」越來越多，他也越陷越深，最後來個大的「好」。

所以相反的，讓對手說「好」的另外一面，就是要自己勇敢的說「不」。

說「不」是正常的

談判裏為什麼要說不？說不有什麼影響力？什麼時候該說不？

我們先從一個小例子入門，比方說我們到夜市買東西，你看中了牛仔裝和皮包，問了價錢，跟店員說：

「打個八折如何？」

對方回答：「好！結個緣，八折給你！」

非常爽快。但是你反而憂愁了，因為一切都太順利了，其中必定有詐！或者你想：

「早知道這麼爽快，就跟他要六折，說不定要對折都要得到。」

所以如果你是賣方，不懂得說不，人家是不會感動的。

於是你終於決定說不了，卻始終有一個心理障礙，就是如果你說不，人家可能

面對對方的「推手」，你不妨擋擋看，「擋擋看」其實也就是說「不」的意思。

會難過、會傷心，你真的不想做壞人，總希望大家都喜歡你。所以大多數人都有一個概念，就是當你拒絕別人時，人家會不高興。的確，但看看前面的例子，當你太快說「好」，或者你永遠都說「好」，人家根本不會感動。所以你必須認清，這場談判你是重視結果呢？還是重視過程？怕過程鬧得不開心，老說「好」，最後的結果反而不如你所預期的。

所以談判裏說「不」是正常的，如果你對對方的要求，完全沒有招架能力，那何不直接叫對方下命令就好了？

面對對方的「推手」，你不妨擋擋看，「擋擋看」其實也就是說不的意思。

既然「說不」在商業文化裏是一個正常現象，那你為什麼要怕說不呢？

反問拒絕法

當你問對方：「你說呢？」或說：「如果你是我的話，你覺得你會不會答應？」這種都是間接說「不」的方法，稱為「反問拒絕法」。

這種方法有人聽得懂，有人聽不懂，假如真的聽不懂，咱們就不用講文言文了，直接講白話文，就是「不」！

上課時，講台上通常有把椅子，我習慣把包包和衣服放在上面，有一次課上到

有人聽得懂，有人聽不懂，假如真的聽不懂，就直接講：「不」！

一半，隔壁班的同學跑來跟我借那把椅子，我愣了一下，心想：「雖然我現在不坐，但不一定什麼時候我站累了，想坐一下；況且沒了椅子，包包和衣服就不知該放哪裏了，而且隔壁教室空著他不去搬，卻跑來跟我借椅子。」

於是我就用反問的方式問他說：「你覺得我該不該借你呢？」

那位同學也真絕，回我說：「我就是不知道才跑來問你！」

當場被這種「無厘頭」學生氣死，他既然聽不懂，那我也只好直接說「不」。他也很納悶，明明我不坐，為什麼不借呢？所以我其實也可以這樣問他：

「我覺得這樣子蠻慘的，你不覺得很慘？」

他可能會說不覺得，我再回說：

「但我覺得嘛，我覺得我不該這麼慷慨。」

或是說：「如果是你的話，你會嗎？」

或是說：「你設身處地想一想，你覺得你會答應嗎？」

改變調子

間接表達「不」，還有一種方法是「表達你的情緒」。比方說對方還在那兒振

對方一聽傻了，就停下來了，心想你怎麼忽然感性起來了呢？

振有辭時，你突然間說：

「唉！我覺得蠻挫折的……」

對方一聽傻了，就停下來了，心想你怎麼忽然感性起來了呢？和劍拔弩張的氣氛格格不入，接著你就說：

「我跟你講了那麼久，你還是沒辦法明白什麼是『公平』。」

你說你講了很久，他還不明白什麼叫「公平」，這句話是什麼意思呢？你其實在拐個彎說：

「就是你這小子不公平嘛！你怎麼可以這樣對我呢？」

可是自始至終你不是很兇狠、呲牙裂嘴地指著對方的鼻子說：

「你不公平！」

這在技巧上叫改變談判的調子（tone）。

顧左右而言他

溫和地說「不」還有一招，就是「顧左右而言他」。

對於人家所說的，你裝作沒聽到，這一招可以用在對方來一記回馬槍時，談判完畢，對方突然回頭咬你一口，你笑一笑，顧左右而言他，裝作沒聽到。

你哈哈一笑，就把他的要求給化解了。

假如你賣舊車，好不容易賣掉了，都議好價了，對方準備把車開走時突然講：

「沒有油我怎麼開回去？」

但油錢本來就不包含在你們談成的價錢裏的，都已經議完價了，他卻突然開口再要，就是一記回馬槍。

其實用了這招回馬槍的人，通常都有點靦腆，因為回馬槍是沒什麼道理的，他可能是半開玩笑地要要看。

所以，你大可以東張西望地假裝沒聽懂，或者是很認真的裝作沒聽懂。他說再加點油，你就說今天天氣不錯，顧左右而言他。他如果繼續再講，你就說：

「老兄，你真會開玩笑！」

你哈哈一笑，就把他的要求給化解了。

不要給理由

直接說法，望文生義就是直接和對方說「不」，端看你敢不敢。

直接說「不」，而且不講任何理由，這種叫做「斷然拒絕」，正常的講法就是：

「對不起，沒有理由。」

這種拒絕法尤其容易發生在上級對下級的談判，如果今天你是長官，你找不出

女生拒絕男生的追求，就不要講任何理由。

很好的理由，你就是不想幫忙，你就直接說「不」，按照你的層級和地位，你也沒有必要找理由。

不講理由最大的好處是，沒有留給對方更進一步的餘地，就跟雞蛋一樣，滑不溜丟的，沒有縫，沒有孔，對方怎麼打呢？

所以女生拒絕男生的追求，就不要講任何理由，對方拼命要理由，跟妳說：「妳講完我就走，真的！死也要讓我死得口服心服！」

奉勸各位女生千萬別上當，因為講完理由他就不走了。不講理由直接說「不」，就沒有接觸點了。

說了「不」之後，如果對方還不走，你也不必改口說「好」，你就等他出第二張牌，再看看如何回應。

但萬一如果你說不了，在等他出第二張牌，而他卻很沮喪地走了，那怎麼辦呢？

這時候就得找中間人，再把他救回來。那個人可能是你的合夥人，所以你再跟他磋商一下，釋放你這一方的善意，也無不妥，所以你的第三者可能是你信得過的財務顧問或銀行。

還有一種狀況，是你斷然說了「不」之後，你附帶說是「上面」的意思，千萬不要推到老闆或總裁一個人身上，你不必特指誰，只說是董事會或委員會的決議。

因為你若指出一個人，對方就有再找那個人談的機會。

同理心的表達

還有一點，就是把對方的情緒和行為切開來對付，也就是說：

「我可以同意你的感受，但是我不同意你的要求和作法。」

例如你拒絕了對方，你跟他說：

「我知道我這樣說，你一定很難受，但對我來講這也是痛苦的決定，但是我必須跟你說『不』。」你是在表達你的拒絕，是考慮過雙方的立場之後，才有這個最持平的做法。你有充份的理由堅持你的立場，雖然你在理上站得住腳，但是你同時也去同理他的感受。

但是你可能遇到人家不領情，比如說有人跟你借貸，你拒絕了人家，然後說：

「其實我心裡跟你一樣難過！」

他可能心裏想著：「少來，別假了！不借就不借，少在那裏貓哭耗子假慈悲！」

或者，你在處理客戶抱怨時，很有同理心地說：

我可以同意你的感受，但是我不同意你的要求和作法。

「王先生，你的痛苦我們公司完全明白！」

沒想到，對方回你一句：

「那你說我們苦在哪裏？」

於是你很尷尬地當場愣住，無言以對。

所以如何有技巧並且適度地表達同理心呢？表現同理心時最好能夠具體化，表示你講的不是空話。

反客為主的說「不」

美國學者 Jim Camp 寫了一本《從「不」說起》，他的主張簡單來說是：你不要說「好」，你要說「不」，無論如何都要先講「不」。

哈佛大學也出了一本書，叫《從「好」說起》，教導讀者如何讓人跟你說「好」。一派是說「不」，一派則說「好」，這兩種講法都有值得參考的地方，但卻都流於狹隘。

我認為談判說「好」或「不」，是你個人的選擇。你在談判當時的情境下，或者你在判斷後有說「好」或「不」的理由。

對中國人而言，「好」或「不」是辯證的，有時是「好」，有時是「不」，看情況、

說「不」是一種戰略，不是為反對而反對，也不是看你的心情。

看條件，誰規定每一次都要說「好」，或都要說「不」？

並且我們也不要為了不說「好」，才說「不」，這也不是說「不」的最佳理由。說「不」是一種戰略，不是為反對而反對，也不是看你的心情，到底你為什麼要說「不」呢？何時說「不」呢？

說個「不」來引爆衝突

其中有一個主要原因就是，你說了「不」之後把衝突給引爆，然後等著看對方的反應。

比如說你是賣方甲，遇上一個買方老在三個賣方之間遊走，告訴我說乙賣多少錢，然後告訴乙說丙是多少錢，告訴丙說我是多少錢，他可以說是左右逢源，游刃有餘。

於是你必須想個辦法引爆，以終止這場遊戲，當你不玩了以後，換買方開始緊張了。

如果他真想要你的東西，他就會有第二步做法；如果對方沒有進一步舉動，你就知道你是陪玩的。

如果你不引爆，你就不會知道對方的底細。

如果你不引爆，你就永遠不會知道對方的底細。

比方說今天我們到店裏買東西，如果你說「不」，走出店裏，但在門口你回頭看一下店員，有時候他的臉上表情一定非常尷尬，他心裡面可能非常猶豫，到底要不要賣，為什麼呢？

因為剛剛出的價錢，就跟他的底限差一點點，你如果跟他的底限差很多，你走了，他拉也不會拉你一把；可是就差那麼一點點，他就在那裏掙扎，要不要，不要的話，我下午在這裏就白坐了。

你看他表情這麼複雜，就差這麼一點點有困難的時候，你回頭，再加他一點點，就可以了，那個時候，就是他可以接受的時候了。

你也幫我做一件事

談判有時候讓步是期望對方回報，當你讓的很小時，最好不要每次都要求回報，先把這個交情擱著，存一點人脈，等累積夠了再一次要回來。

當然，如果你讓的是一個大的，就成為你的籌碼，當然要對方回報。

買交情如果有來有往，當然是最理想的狀況，但有一種狀況是相反的。

比方說在辦公室，同事要你幫影印、上網找資料等等一些小忙，於是你很爽快地幫了他，希望買個交情；可是對方卻不認為你在買交情，甚至得寸進尺，看你這

對有些人，說「不」的方法，就是再幫他一次忙，然後要他也幫你做一件事。

個人善良好欺負。等有一天你跟他要什麼時，他都不答應，你發現交情買不到了，你不想再買交情了，這時你就要說不，所以說「不」是在當買交情買不到的時候，擋的一個方法。

至於對這種人該怎麼說「不」呢？就是他下回再來要時，就再幫他一次忙，然後要他也幫你做一件事。對方可能開始覺得你不再是好好先生，而心生警覺。

「誘敵深入」的談判

「說不」是為了誘敵深入？這怎麼說呢？明明是擋退對方，怎麼會是引誘他呢？

這種談判法通常是配上四個大字叫「戛然而止」，忽然就停下來。以賣房子為例，一棟房子要賣兩千三百萬，買方出價兩千萬，於是買賣卡住了，因為價錢談不攏。

後來賣方做了讓步，開價兩千一百萬，這一讓讓超過了中線，因為在兩千三和兩千中間應該是兩千一百五十萬，所以賣方讓多了，接著再也不肯讓了。

而買方卻是加到兩千零五十萬後就再也不加了，變成卡在兩千一百萬跟兩千零

在「誘敵深入」之後，通常是配上四個大字叫「戛然而止」。

五十之間。

這買方也不是省油的燈，他實在很喜歡這個房子，於是他拿了一百萬的斡旋金，請仲介跟賣方談。

斡旋金就是跟仲介簽了三天的約，讓仲介跟賣方斡旋，如果賣方願意以兩千零五十萬出售，那這一百萬就抵房價，如果不接受，那就還給買方，但是如果賣方答應而買方反悔了，那買方的這一百萬就要歸賣方了。

第二天，買方突然來跟仲介說，他要買的其實不是兩千三百萬這戶，而是另一戶，但是賣方不能按他要的價錢賣，他沒辦法只好來買這一戶，結果昨天他才拿出斡旋金來，原來那個屋主就忽然出現，表示要移民加拿大，所以答應要把房子賣給他了，這下他難了，才剛拿出一百萬來，如果賣方真的答應兩千零五十萬的價錢，那他就非買不可了，這麼一來，不就買不到他喜歡的那個房子？但如果他這時反悔，去買前一個屋主的房子，那他一百萬的斡旋金不就虧掉了？

所以他假裝央求仲介去跟屋主講，千萬不要答應兩千零五十萬的價格，這時候難題變成在賣方身上了，賣方是賣還是不賣呢？白花花的一百萬在手中，那是不是賣呢？最後的結果是，兩千零五十萬成交！

買方是不是真的很會玩？因為誰也不知道是否真有一個移民加拿大的屋主，買方這一招就是藉著說「不」誘敵深入，戛然而止。

他的「不」是出現在什麼地方呢？

就在他拿出一百萬的時候，等這一百萬拿到賣方面前時，他便忽然喊停，賣方於是傻眼，在壓力之下迅速答應買方的條件。

「文言文」的說「不」

說「不」有時跟說文言文有點關係。

我常說人生以三十五歲做分水嶺，三十五歲以前講白話文多，三十五歲以後講文言文多。文言文常是話只講一半，點到為止，為什麼要這麼做？從前有個希臘女生曾說：

「我在十幾歲未成年時，每次要去參加舞會時，只要問爸爸的意見，爸爸從來不說『不』，但從爸爸的話裏可以聽出什麼是『好』，什麼是『不』。

「例如當爸爸說：『當然！妳當然可以去！』就表示爸爸真的答應我去。

「當爸爸說：『如果妳真的很想去，那就去吧！』就表示爸爸並不完全贊同我去。

「表面上聽起來像是『好』，其實是『不』。我如果真的很想去，後來雖然還

這方法是點到為止，聽得懂很好，聽不懂咱們走著瞧。

是去了，但心裏難免有罪惡感，回來後往往會努力做一陣子『乖女兒』。」

做父母的面對叛逆期的青少年，如果談判溝通都是用白話文，例如：「不行！你不准去！」卻往往沒把握能夠一個口令、一個動作，結果孩子還是翻牆跑出去，豈非一個巴掌打在你臉上？最後是他低頭，還是你低頭呢？可能兩個都不肯低頭，這個 game 就玩不下去了。

但如果你像那個希臘父親一樣，來個文言文，如果最後孩子真的去了，你也不會難堪，因為你也沒講明白，而是留下一個灰色地帶或緩衝空間。

政治語言也經常如此，點到為止，聽得懂很好，聽不懂咱們走著瞧。

「不」也不要講得太含蓄

但文言文也常容易引起誤會，有個例子是這樣的。

有個女生經常收到辦公室某個男同事邀約看電影，她不想答應他，但也不想給他硬釘子碰，於是她就反問那個男生：

「你這麼忙，你有空嗎？」

聽起來好像喜出望外，但其實是拒絕的意思。所以，如果真的不想去，甘脆直截了當說：

國際商業談判務必簡單、清楚，才不至於造成誤會。

「對不起，這部片我已經和我男朋友一起看過了！」表明她已經有男朋友，要他別再來煩她了。

在國際商業談判時，遇到中國人說「不」，問題也是出在文言文，「不」講得太含蓄了。例如老中對老美說：

「這件事情咱們得慎重考慮！」

其實意思就是，這件事情我不答應，說要慎重考慮只是不想讓對方難堪。如果對方不明就理，還獨自高興地說：

「對方已經答應考慮我們的要求了！」

這樣意思完全被一百八十度地扭曲。所以國際商業談判務必簡單、清楚，才不至於造成誤會。

不難理解這種間接說法，可給自己一點面子和一點迴旋空間，雖說東方人比較迂迴，但其實美國人對於間接說「不」應該也不陌生，他們說"I will try my best!"（我盡力而為！）那到底是「好」還是「不」呢？

比方說聖誕節到了，小朋友會跟爸爸要禮物，爸爸說：「好哇，I will try my best.」其實很多時候都是「不」。

同樣地，顧客和廠商要求產品售後服務，廠商說他會盡力，顧客就等呀等，到後來怎麼都沒有，於是顧客前去詢問，廠商說：

「我試啦，但失敗了！」

像這種情形其實也是「不」。別說是美國人，日本人也用過這招。美國人和日本人協商，美方要求降低關稅，日本首相也說：

"I will try my best!"

其實就是「不」。

說「不」也該有條件

說「不」不是耍帥的一種手法，說「不」之前得有一些先決條件。

你要評估你和對方的權力懸殊有多少，說「不」之前，你的底子不能太薄。

假設你去應徵工作，雇主說好給你多少待遇，你能先說「不」，然後再看怎麼樣嗎？

你如果敢說，你就是拿自己的工作在開玩笑，也許說了「不」，你就失業了；不是每個人都敢說「不」的。

不能為了耍帥而說「不」，當然這也不是鼓勵你什麼都說好，例如有人邀請你去墨西哥演講，你覺得不錯，也想藉機會出去走走，可是對方把酬勞壓得很低，你

不想說「不」，也不願說「好」，就給個條件句。

到底要說「是」還是說「不」呢？

你如果答應了，你就可以去墨西哥玩，因為你很想去，所以不計較價碼，可是你會不會又把你的身價玩低了呢？所以你是不是應該說「不」，維持住你的行情？

你如果敢說「不」，表示你不需要那筆錢過活，你的目的只是順便去玩，去與不去無關緊要，可是如果你實在需要那筆錢，又不想打壞自己的行情，你既不想說「不」，但也不願意說「是」，那就給個條件句，你說：

「好！如果怎麼怎麼樣的話，就可以。」

這是一個中間答案。運用之妙，存乎一心。

6

「不」就是「不」，說「不」就是「不」

面對對手的試探，答案一定要明確，是「不」就是「不」，以免對方誤會。

反過來說，就談判技巧來看的話，也可以試著推一下，推一下的結果是「不」，再推一下，還是「不」。試到真的是「不」為止。

談判的「博奕理論」

你出一張牌，我出一張牌，有來有往，看最後局定在哪裡。

男女交往、餐廳點菜，處處都是試探。

社會心理學家曾點出的人的一種心理，就是當大家都這樣的時候，你總也不能免俗地做同一件事。

所以我們經常在餐廳一眼望去，會發現很多桌點的菜色都差不多，看別桌的火鍋不錯，也點了個火鍋，看人家點的三杯雞不錯，你也點個三杯雞。

但有時也可能是餐廳經理特別推薦的，人剛好也有個心理，就是你推薦的必然好，不妨一試。

情人在一起往往也在試探。

例如情人節到了，該到那兒去過？怎麼過？

如果兩個人在一起久了，也許會在一起商量。但如果不熟的話，男方似乎應該有點主見，如果你完全沒想法，跑去問女生，女生回說：

「隨便！」

這下難辦了。

你問：「看電影好不好？」

女生說：「現在電影沒啥好看的！」

你問：「那吃大餐好不好？」

女生說：「吃大餐會胖！」

你再問：「那去聽歌劇如何？」

女生回說：「何必附庸風雅！」

問了半天，結果女生其實是想去逛街，這下換你嘀咕了：

「早說嘛，何必在那兒假惺惺！」

這就好像博奕理論，你出一張牌，我出一張牌，有來有往，看最後局定在哪裡。所以交往時似乎花很多時間去試探對方，其實情人節去哪裡過，做什麼不重要，你的目的其實就是約會，你出牌的目的就是要她答應去。

第一百句還是「不」

在試探的過程中，常有一種說法，女生說「不」就是「是」。有時是如此，但有時女生說「不」真的是「不」，完全沒有「是」的意思，那到底該如何判別呢？這就只好看雙方互信的程度，就談判技巧來看的話，你可以試著推一下，推一下的結果是「不」，再推一下，還是「不」，那你就曉得真的是「不」，也許她今天真的有事，也許時機還未成熟。

對女生來說，面對男生的試探，答案一定要明確，是「不」就是「不」，以免對方誤會。

女生常有的現象就是心軟，常常前面九十九句都是「不」，到了第一百句，看他可憐就說「好吧！」，九十九和一是不成比例的，男生通常會把對他不利的那九十九句過濾掉，把最後那句「好吧！」放大，當作最高指標，心想：

傳達的訊息要清楚、明確，不然就被扭曲、誤解了。

「她一定心裡還有我，不然怎會說『好吧！』？」

如此一來，女生所要傳達的訊息就被扭曲、誤解了。

分手的藝術

男女分手在談判上其實就是一種「收尾」，如何收尾收得漂亮也是一門藝術。對照現今許多社會案件都和感情糾葛有關，分手的談判變得越來越重要。

到底女的怎麼讓男的和她分手？我在課堂上和學生討論時，有學生提到，女生可以做一些男生不喜歡她做的事。

比如男生不喜歡女生很懶，她就故意很懶，他不喜歡她挖鼻孔，她就故意挖鼻孔，男生就會覺得怎麼那麼髒，男生就知難而退。

還有學生說，可以向男生借錢，男生一聽借錢，就想你這女生原來是個敗金女，要找藉口趕快閃人，否則萬一人沒得到，錢也被騙那就糟了。

但也有女生認為，借錢這招行不通，萬一男生真的借了，女生不還，到時男生要求更多，因為不甘人財兩失，那就更麻煩了。

或者夫妻吵架，鬧到離婚時該怎麼離？這裡提供兩個原則。

一是保留將來再見面的機會，溝通管道不能斷。如果你恨透了對方，根本不想

讓對方慢慢覺得無趣，也保留了對方的面子，這是好的收尾方式。

再說話，那就找律師。你不想和對方說話，總會想見小孩，所以必須透過第三者。

另外，就是儘量減少對方讓步的成本，男女分手或夫妻離婚的談判少有雙贏，除非兩人已經不合已久，一引爆便要說拜拜，兩邊完全無負擔，否則極少有雙贏的局面。

如果分手、離婚無法快刀斬斷時，想走的那一方就要考慮到如何讓另一方保留足夠的面子，切勿傷人，並且不要音訊渺茫，而是逐漸淡出，電話還是接，只是次數少了，而且內容開始無聊，讓對方慢慢覺得無趣，也保留了對方的面子，這是好的收尾方式。

談判時的轉換議題

在談判時改變軌道，就好像改變流動河水的河道，方法有很多，像建攔沙壩、水壩等，又好像行進中的火車，如何讓它轉彎一樣。

改變談判的軌道，可分技巧面和戰略面來說。

什麼是技巧面呢？

比如你跟工會談交通車問題，交通車問題還沒有談完，他們又跳到餐廳問題，這樣快速轉變議題，有可能是故意的，交通車問題虛晃一招，好像談完了，你也不

改變談判的軌道，好像行進中的火車，如何讓它轉彎一樣。

疑有他，就往下談了，你不認為解決了，他卻認為解決了，因為你也同意轉換議題了。如果你下回再跟他談交通車的事，他可能會說：

「不是談完了嗎？」

你說：「沒有哇！」

他說：「沒有？那你當時為什麼不講？」

所以轉換軌道，就成了對方的談判技巧。

技巧一：保持冷場

冷場在談判上有三個主要的場合可以出現：

第一，在講話的頭，在一開始就冷場，是為了引對方先開口說話。有人一開始不肯開金口，你冷場，他受不了，就可能開口。

開頭的冷場又分為兩種方式，第一種是你用講話去釣他的話，這叫「引蛇出洞」。

比如說你當主管，底下的老王出現一些問題，你想找他來談一下，可是老王老是不理你或是不講話，於是你就講：「老王，這樣子，如果你不講也沒關係，那麼我先講，好不好，等一下我講的時候，你如果有發現我什麼地方講得不對，你要隨

有人一開始不肯開金口，你冷場，他受不了，就可能開口。

時糾正我。」
於是你就開始講，老王通常會跳出來：
「唉，這個講得不對，唉，我不是這個意思。」
或者你說：「老王，你給我一種感覺好像你是什麼什麼。」
注意，你並沒有說「你就是」什麼什麼，而是你給我一種感覺「好像」你是什麼，老王聽了一定會不服，他就會跳出來說話，為自己辯白。你先講一點點，用話引話。
另一種就是真正保持冷場，一開始就不講話，有的人忍受不了冷場，一看出現冷場就會講話，不斷想話題，就好像往壁爐裏丟柴火，火燒完了再丟。

收尾與中場的冷場

第二個使用冷場的時機，就是收尾的時候。
談判結束的時候你保持冷場，通常有兩種功用，第一是表示你很仔細地聆聽，如果對方發言完畢，你馬上就接話。
另有一種可能是你根本不專心聽，或者根本不經深思熟慮就答話，對方可能當作沒有任何參考價值。

停個十幾二十秒再答話，也給自己一點思考的時間。

再者，停個十幾二十秒再答話，也給自己一點思考的時間。

還有一種冷場就是中間的冷場，目的是為了轉移方向。

如果今天你跟對方談的是交通車的問題，交通車沒談完他就轉到餐廳問題去了，你怎麼把它拉回來？使用冷場就是一種很中性的方法，跟他說：

「剛才我們談到交通車。」

然後冷場，一秒、兩秒、三秒，碰！前面的話題就回來了。

冷場放在中間

面對對方轉換議題，可以用溫和的、兇悍的、或中性三種方法回應。

冷場不是表示你腦筋短路或斷電，一般認為冷場是談判桌上的機關，這機關可以設在談判的前面、中間或尾巴。

當你將冷場放在中間時，也就成了改變談判軌道的一種技巧。

有些人轉換談判軌道則不是故意的，因為他的腦筋是跳躍式邏輯，不論是有意還是無意，你也要有技巧地面對別人改變軌道，首先你要警覺，如果你發現議題跳掉了，要保持冷場。

比如他今天跟你談交通車的問題，交通車沒談完就跳到餐廳，然後他請教你對餐廳方面的意見，你為了要把話題重新轉回交通車上，你可以用溫和的、兇悍的、或中性的方法回應，什麼意思？

用溫和的方法就是你跟他說：「餐廳的問題，待會兒還要多向您請教請教，但是在談餐廳問題之前是不是把交通車先談完呢？」

可是如果談判的氣氛不好，大家劍拔弩張的，溫和的話根本說不出口，所以你只好說：

「唉唉！你不要亂講呀！我們交通車問題還沒談完，先把交通車問題談完再回來。」

但是兇完之後，萬一收不了場也不是你的初衷，於是你必須考慮用中性的說法：

「剛才我們談到交通車。」

立刻打下句點。然後你保持冷場，一秒、二秒、三秒，相信話題就轉回來了。

技巧二：喊停

很多人以為談判一旦開始了，就不能叫停，或者不知如何喊停。

其實談判過程中的暫停，常常是給自己一些空間和時間。例如對方的提案如果非你所長，這時你就得喊停了，有時間考慮和討論，才不會流於倉促定案，所以喊

誰叫停，誰就先講話，也就是叫停的人，取得下一回的發球權。

停了之後，你可以跟對方說：

「對不起，我們想了以後，覺得這個方向可能更好。」

接著再提出你的提案。

喊停後重新回到談判桌上，由誰先發言呢？

理論上是誰叫停，誰就先講話，也就是叫停的人，取得下一回的發球權。由誰來叫停呢？正常情況是主談的人叫停，或者是由一個觀察者打暗號給主談者，由主談者執行暫停。

主談者在談判桌上專注於談判，通常難免顧不得其他，所以觀察者必須適時給予暗號。例如總公司來一個指令，或者剛剛得到股市最新消息，諸如此類。

戰略一：換人

人跟談判的策略是不可二分的，換人就等於換策略，換策略就換人。

如果你派的張三上桌去唱黑臉，可能把談判帶到牛角尖裏去了，最後連張三自己都出不來，於是你身為老闆的就假意把張三罵一頓，然後換李四上桌，李四唱的是白臉，談判便從另一個方向去談了。

所以換人是談判時轉換軌道的一種戰略應用，就好像牌局卡住了，必須重新洗

談判時換人是戰略應用，就好像牌局卡住了，必須重新洗牌。

牌，另起爐灶一樣，同時換人上場。

作為主管，你就必須對底下人的性格有所瞭解，以備不時之需。張三衝突性強，是個火爆三郎，可能上去沒多久會下來；李四妥協性強，很適合收場。

身為主管總得有個底，才知道如何換人、換策略。

戰略二：加議題

加議題有兩種方法：一個是轉移話題。

例如你是個下包或包商，上包的人提出價錢要降10%，但你降不下來，卻又希望可以接這個案子；熟諳談判的人可能會把工程技術指標稍作修改，把系數或參數改一下，就可以把錢省出來了。

可是對方想到，這樣工程品質是不是會出問題？

於是又開始了一場談判，主題就是工程技術指標，而本來雙方是在談價錢的，後來卻轉移到技術指標，可能越談越深，茲事體大，最後上包只好放棄要求降價。

本來雙方是在談價錢的，後來卻轉移到技術指標。

人變多或東西變多

另一種加議題的方式是把人變多。

比方說你賣軟體給別人，你為了增加自己的價值，於是找來張三、李四進行策略聯盟，他們成了你的企業伙伴，他們各有不同產品，你們三人的產品結合起來，變成一個大的package，就好像轉移注意力一樣。

本來你只是A時，客戶殺價就針對你一家，可是當你把ABC都提出來時，客戶可能會針對B或C，他的焦點可能會從軟體轉移到服務或是維修上去了。所以人變多，方向就有可能調整。

談判裏運用轉移話題或把人變多的案例比比皆是，例如核電廠面臨該不該建核電廠的問題時，轉移話題成為：談能源問題如何解決，核電變成只是其中一個項目而已，其它還有水、煤、風等發電方式，討論的方向就多了，時間也就磨下去了。

或者像工會談工資，突然間又多了勞工的福利問題，諸如休假、培訓的機會、住宿、交通、托兒、貸款等等，一下子議題暴增，可能最後的結論是以「你不能薪水也要，福利也要」，拒絕提高工資，或者是以「薪水少，福利多」為條件。

這裏也給各位提一個小撇步，你跟老闆談工資，如果你只談工資，你就是不會

人多了，東西多了，就有交換空間，同時也容易改變方向。

談判。

老闆說一個月三萬一，你說不行，我同學都拿三萬五，你至少得拿三萬五，雙方也許就三萬一、三萬五在那裏僵持不下，結果取個中間數三萬三，以後看表現；那你不是真正的贏家。如果你稍微運用一點技巧的話，你就說：

「好，三萬一，那麼別的待遇呢？整個福利的 package 呢？」

還有，如果你做得好，漲幅怎麼算？加薪的可能性高不高？你把問題變大以後，往好的方面看就有交換的空間，和談判的空間。

所以簡單來說，改變談判軌道的戰術面，就是把議題變廣，要不然就是把更多人扯進來。東西多了就有交換空間，同時也容易改變方向。

戰略三：聲東擊西

講白一點，就是假裝守這個，其實目標是那個。聲東擊西就是轉方向。

比如說廠商要求量產的時間要提早，然後價錢要降低，你就可以假裝在量產的時間上先給，把時間從四月提早到三月，於是價錢你不再讓了，對方繼續前進，再和你談價錢，談了半天，你也擋了半天，然後你說：

「好啦！我價錢也讓給你一點點。」

假裝守這個，其實目標是那個。

對方很高興，心想：「時間爭到了，價錢也爭到了。」

但如果你真正要守的是時間，先以時間為條件虛晃一招，然後你嚷嚷著價錢絕對不讓，你就把對方的注意力轉到價錢上面。

撐了一陣子以後，你把價錢讓給他，對方很滿意，而你也守住時間了。

7 破得好，破得妙，談判反而有轉機

談判有時也需要「破局」。局一破，就從被動成了主動，反客為主。

破局是一種談判的戰略運用，可能為了引對方說出實話，也可能是為了引出背後的老闆，或讓公權力介入。

台商敢破的例子

有一回我在大陸對台商上課，有一個工廠總經理跟我說了他的經驗。

他在買設備時，代理商也是華人，所談的價錢比他以前的買價都要便宜了，但他還想再殺。

賣方開價七萬九千元人民幣，買方卻發現了一點，就是賣方的設備是美國零

業務代表還猶豫，不敢走，表示本錢可能是如此，但還有一點空間。

件、大陸組裝，美國原裝和大陸組裝怎麼能賣一樣的價錢呢？

他於是抓住了這點和賣方談，要求賣方在價錢上讓步，賣方不肯讓，買方這位總經理生氣了，於是放話：

「如果你今天不肯讓，明天你再進來，價錢沒有破七萬，你就不要進來！」

也就是說，從原先賣方開出的價錢七萬九千元，當中賣方不肯接受殺價，到最後買方破局時，是一破破到七萬元人民幣，因為買方堅持，如果不接受他們的價錢，那麼明天再來，價錢若不再往下讓，就不必談了，這就是破局。

局破了之後，賣方面露難色，問買方總經理能不能再加一點，買方說：

「既然這樣，那我再加一點，七萬一！再多就沒有了！」

賣方的業務代表說：「好，如果你買兩套，我就給你七萬一的價碼。」

總經理馬上回說：「好，我可以買兩套，但不是現在！如果有機會，今年會再下另一個訂單，但現在只有一個！」

這時賣方又陷入為難，最後雙方達成協議，現在這一套設備算七萬二，等第二套時算七萬。

買方總經理對這樣的結果很得意，他說他在談時口氣很兇，也敢破，他說原價七萬九已經是可以接受了，但他在搜集資訊時無意間得知，對方廠商的產品是在大陸組裝的，並不是美國原裝進口的，所以他就想再砍，要怎麼砍？他索性狠狠地砍個破：

「今天談不成，明天再來沒有破七萬就不必來了！」因為對方如果見無利可圖，他只有走人，表示價錢差太多；如果業務代表還猶豫，不敢走，表示本錢可能是七萬，但還有一點空間，如果明天再來破七萬，就沒有利潤可言了，所以只有趁今天搞定，所以賣方回說：

「再加一點點。」

誰說「破」？

在這個例子中，買方的總經理有一點優勢，就是他的資訊搜集充分。所以當他發現賣方是零件美國進口、只是在大陸組裝時，這也是給採購一個寶貴的經驗。

談判時這總經理所做的就是破局，他敢破，而且很兇，連他祕書都說：

「每回看老總在談價錢，連我自己在旁邊都替供應商捏把冷汗，因為老總好兇！好像快把人給吃乾抹淨了。」

破局除了要敢破之外，還有個問題是：

由長官扮白臉，也許因為他考慮得較周延，資源也較豐富。

「誰破？」

所謂「誰破？」也就是誰去扮黑臉的角色，是上面的黑，還是下面的黑？通常在正常的情況下，應該是「下黑上白」，為什麼呢？

屬下出去破局，把客戶得罪了，長官必須出面假意地把屬下罵一頓，將事情收回來，把球接回來，以便再出擊，這就是談判黑白臉的標準型。

長官通常也喜歡唱白臉，勝過於扮黑臉，這也就是中國人常說的：

「恩出於上。」

所有的恩惠來自上位者。由長官扮白臉，也許因為他考慮得較周延，資源也較豐富，他也有權力決定何時該放，何時該收。

至於夥計呢，就是一頭往前衝，放手去玩就是了。

唱了黑臉後，由老總去收回來，而上面講的話常是高來高去的，有點不著邊際，但卻是原則。

長官先破的例子

只是有時也可以剛好相反，是「下白上黑」，也就是長官先破。

好比說業務代表到公司去和總經理談，一個談不攏，碰破局了，總經理門一甩

一個蓋子先蓋在那兒了，後來怎麼樣也衝不出那個蓋子了。

出去了：

「我不跟你談了，我叫副總來跟你談！」

這時副總來了，很不好意思的樣子說：

「你別放在心上，咱們總經理就是面惡心善，講話兇，但他是好人。」

很明顯地，副總扮的是白臉。但他接著又說：

「唉呀，你開這個價錢也難怪我們老總會生氣，現在老總出去見一個重要客戶，一個小時後回來，那你能不能給個好一點的條件？我好跟老總美言幾句。」

所以這都是事先套好招的，由老總去唱黑臉，他先破了，底下再去搓。長官所說的是一個底限（limit），最多就是那樣了，老闆翻臉後，底下的人出來，再由敗部復活。

也許你本來已經摸摸鼻子要走人了，可能老王又出來，央求你賣他個面子，你心想，好吧，本來已經是零了，這下能賺個百兒八十也不錯了，於是成交。

上限已經先被老闆破了，一個蓋子先蓋在那兒了，所以後來怎麼樣也衝不出那個蓋子了。黑白臉兩個一搭一唱，像在唱雙簧。

破了後如何善後？

黑臉發完脾氣後，又該怎麼善後呢？

要善後要看當初破局是怎麼破的。大約有三種情況：

第一種情況也是一般人常碰到的，破局後可以加以忽略（ignore），來個相應不理。

雖然談破了，下次繼續談，像什麼事都沒發生過一樣。今天破局了，對方拍桌、掀桌的，我在商場上闖蕩久了，知道這只是一個game，我下次還是約你再談，一點都不把這事放在心上。

有人說，法國人就是這樣談的，進了法國人的賣場，他們很兇，跟你翻臉，但翻了臉後還是可以談。

這就牽涉到談判的人必須有高EQ，雖然對方破局了，就當作是玩給你看的，你還是要能繼續談，將它忽略了，當作沒發生過。

在政壇上，這種手法也屢見不鮮，似乎每個在政壇上打滾久了的人，都要具備這種本事，有人來跟你說：

「老陳罵你了！」

「有嗎？他在哪裏罵我了？只要我沒有親耳聽到都不算數。」

你便回說：「有嗎？他在哪裏罵我了？只要我沒有親耳聽到都不算數。」

哪怕是在報上被罵，電視也轉播，你還是可以說：

「是不是記者報導錯誤？是不是剪接的效果？」

或許你心裡正恨得牙癢癢的，但還是可以ignore，不需要回應，或者延緩回應的時間。

破了之後找白臉

通常由扮白臉出來收拾殘局，為什麼要有黑有白？道理很簡單，因為這是一個game，除非你不玩了，那就一個公司黑到底，如果還想玩，沒有白臉是不行的。

所以，要看是買方，或是賣方先破。破了之後，派白臉去找誰？

比如我是賣方，談了之後破了局，我不賣了！你老是挑剔，我還要尊嚴呢！

可是破了之後，第二天，可以另外派一個白臉去，忙說要對方別放在心上，剛才那人回去已經被罵到臭頭了等等。

如果是買方破的，當然也可以派白臉去再談。

在這裏還要注意策略的運用，是過了多久白臉才去？是馬上去，還是過了一會兒才去？這些都要計算在內。

> **破了多久白臉才去？是馬上去，還是過了一會兒才去？**

但是，如果破了之後，對方沒有找白臉來，該怎麼辦？你就必須決定要不要繼續玩下去？

如果不玩了，那你只好也走人，這下局就真的是一破到底了。

破局的戰略設計

破局是一種談判的戰略運用，可能為了引對方說出實話，有一個案例可為說明。

美國有一家電腦廠牌，授權台灣某家電腦公司代工，於是台灣公司慎重起見親自到波士頓和美國這家廠商談。

台灣這家公司當時規模還小，所以很需要這筆業務，因此在與美國公司談判時，花了不少時間建立自己的形象，強調自己的長處；但老美似乎不太關心這個議題，只是不斷重覆一句話：

「減價！」

結果台灣公司就有點不爽快了，心想：

「我大老遠跑來，你心裏卻只想著減價，如果你只想比價，犯不著找我來，你自己下游的製造商已經夠多了。」

這個局一破，就從被動成了主動，反客為主。

至此，遊戲該怎麼繼續呢？台灣公司去的那位經理著實很厲害，他運用了一個談判策略，就是破局：

「我不玩了！」

結果老美嚇了一跳。

台灣這邊破局的目的，是為了引對方說出合作的原因，他們大老遠把台灣的這家公司找去，一定是因為他們有什麼過人之處，或吸引美商的地方。

但談判過程中，美商卻遲遲不肯透露，只是一味要求降價，讓人感覺不是認真的談判，所以那位經理於是喊停，這下老美緊張了，終於說了：

「別急著走人！找你們來是因為你們有什麼什麼優點，諸如此類。」

所以台灣人這個局一破，就從被動成了主動，反客為主。

引蛇出洞

有時我們與人談判，對方只是一個經銷商或代理人，如果我們這邊故意提出很高的要求時，代理人根本沒辦法說「好」，因為他沒有獲得授權，不得已只好破局，所以這下子不得不把後頭的正主子請出來裁決。

不合理的要求逼使對方破局，為的是引出背後的老闆。

不合理的要求逼使對方破局，引出背後的老闆，或讓公權力介入。

還有一種破局的目的是為了引蛇出洞，美國曾發生過這樣的例子。某家企業發生嚴重的勞資衝突，工會也不罷工，只是不斷地開會、怠工，就是不罷工，造成一種山雨欲來風滿樓的緊張氣氛。

資方於是運用策略，希望刺激工會罷工，於是在談判時資方故意造成破局，工會果真被激怒，結果發動罷工。

原來資方打的算盤是，他老早儲備了足夠的貨源，縱使勞方罷工，他照樣能出貨，表現出他完全不受工會宰制，所以當工會發動罷工後，資方就趁機裁員，將原來的工會解散，重組工會，聘雇有利於己的溫和派。

有時談判的引爆是為了引政府介入，美國曾經發生過西岸二十九個港口集體封港事件，原因是勞資衝突升高，然而這也是在資方的期待之下，因為將衝突升高，是為了刺激碼頭工人集體罷工、封港，隨之而來的就是經濟大受挫折，股票狂跌，使得聯邦政府不得不介入。

但聯邦政府一旦介入，八十天的冷卻期裏，工會就不能罷工，資方就暫得喘息和各個擊破的機會。

8

談判要學，早學勝過晚學

根據談判的學習理論，無論對內看或對外看，都是可以經由學習而改變的。

儘管每個人個性不同，但只要是人就會學習，也都不免會從別人的談判行為裏面，去學習下一步該怎麼做。

女性談判的特質

有人把談判視為爾虞我詐的鬥智過程，認為談判就是戰鬥，而談判的攻防戰術，就是要成功「請君入甕」，或「不戰而屈人之兵」。

所以要做一個好的談判者，就必須認真「學兵」，學著練就一雙銳利的雙眼與鋒利的言辭，這樣才能掌握問題的重點，奮力出擊。

貨比三家、有備而來與窮追猛打，是女性談判的特質。

但也有人認為談判只是一種解決問題的方式，認為在每一方都不斷爭取其最大利益的時候，談判是唯一能讓雙方坐下來好好談談，協調出一個解決方案的方式。因此談判不是打仗，它只是一個「共同的決策過程」。透過談判的方式，衝突雙方得以共同決策，設法找出雙方立場的最大公約數，或最小公倍數，這種談判就是協商，人們常掛在嘴邊的「雙贏談判」，就是這型談判的最高理想。

若是第二種「雙贏談判」，性別是否會影響結果？西方人研究發現，性別也會影響談判，而女性談判有三個特質：

一、貨比三家

因為比較在乎公平與否，所以表現出來就是「貨比三家」。

二、有備而來

女性在談判前比較會準備，而且是充分準備。

三、窮追猛打

因為她認為對方讓步是因為心虛，所以還要窮追猛打，但如果碰到「帥哥」也有例外。

大部分的人買東西，都會選擇找老闆談，因為一般是男性老闆比較乾脆，老闆娘則比較難纏。

但公司的招待通常會找女性當服務人員，因為女性給人柔和的印象，所以女性的形象是剛柔並濟、一剛一柔。

學習大過性別

男生談判，比較會根據自己的權力做決定，如果衝突能達到最大利益，他就會不惜衝突；如果合作能達成最大利益，他就採取合作。

所以男生比較會有「唾面自乾，跨下之辱」的情況，女生比較不會。

基本上男生是對內看，先秤秤自己的斤兩；而女生則是看外面，也就是看人家的反應。

所以在人家還沒有動作之前，男生比較會冷靜考慮自己的權力和實力，以決定下一步該怎麼走；但大部份女生則先看人家怎麼做，才決定下面怎麼做。

然而，根據談判的學習理論，無論對內看或對外看，都是可以經由學習而改變的。

人都會學習，都會從別人的談判行為裡面，學習下一步該怎麼做。

儘管男女有基本的個性，但是不管是男是女，只要是人就會學習，都不免會從別人的談判行為裏面，去學習下一步該怎麼做，所以學習理論大過性別差異理論。

越早學談判越好

在美國人的觀念裏，小孩子越早學談判越好，家庭恰好是培養孩子談判素養的最佳環境。

小孩子學談判，主要著重在學習化解衝突，以及控制情緒的方法。

訓練孩子控制情緒的方法有很多，提供幾個供參考。例如父母可以設計教具，像撲克牌一樣，在牌上寫下關於情緒管理的問題：

例如你為什麼生氣？你氣誰？你想要什麼？

撲克牌上畫有漫畫人物在想事情，頭上畫著對話框，小朋友就在裏面填入問題的答案。

例如自己為什麼不滿意？針對誰？你要什麼？

等小朋友把幾張牌寫完時，大概也不氣了，因為怒氣冷卻了。

或者把打架當作討論主題，和小朋友共同討論。

例如畫兩個小朋友在打架，請他們用看圖說故事的方式，說說看這兩個人在做

透過討論，小朋友能學習成熟處理衝突。

什麼，可能原因是什麼等等，透過討論，小朋友學習成熟處理衝突。

先從小議題開始

現代小朋友資訊多了，越來越有主見，所以家裏如果還是老爹說了算的威權管教法，似乎已經不敷需求了。

在家裏其實大人也可以和小孩談判，針對問題來個家庭會議。例如小朋友放暑假了，他們可以做什麼，或不可以做什麼，打電動可以打幾小時之類的，都可以開放和小朋友討論。

最好像成人世界的談判一樣，談好了雙方簽字，正式立下「暑假公約」。但父母和小孩談時，有所談，有所不談，例如該不該做功課就不能談，萬一父母談輸了，那不就不必做功課了？至於是晚餐前或晚餐後做功課，就是可以作為談判的題目。

家庭會議可以先從小議題開始，例如週末到底去山邊玩，還是海邊玩？會議裏不見得每次都由父母當主席，小孩也可以輪流當主席，看他最後能不能找到一個解決方案，對孩子是不錯的訓練，將來面對衝突比較有溝通能力。

如果未來的世代，是台灣必須和對岸競爭，到底我們的孩子比他們強在哪裏？

小皇帝對上小皇帝時，只好將各人的權力職責劃分清楚。

至少我們可以在EQ上培養小孩，將來成為他的優勢。

因為大陸在「一胎化」的政策下，小孩往往是家裏的小皇帝，以後進入職場，小皇帝對上小皇帝時，誰也不甘讓步，只好將各人的權力職責劃分清楚，減少衝突，否則就要從零開始修EQ學分。

家庭裏的談判

至於家庭裏的談判技巧，提供幾個給大家參考：

一、評估資源利用

如果資源夠多，不妨輪流使用，去山邊，還是去海邊？如果下次還有機會，這次先去山邊，下次去海邊；如果時間充裕，這一次兩個地方都去；如果時間不夠，下次也沒機會了。

想想看有沒有什麼地方既可「樂山」，又可「樂水」，最後湖邊，像杉林溪，可能是最佳選擇。

評估資源、誰做決定、結構性、協議前與協議後的協議，是家庭談判的技巧。

二、誰做決定？

可能這次聽我的，下次聽你的，不一定永遠由父母做決定。

三、採結構性協議

即分階段評估成果，如果進行到一個階段，所擔心的事情沒有發生，就可以繼續下一步。

四、協議前協議

這個技巧和商業談判一樣，先約法三章在前，把最壞的情況講在前頭，最壞不會比這個更壞了，讓大家都有心理預備。

五、協議後協議

因為急著找出解決方案，父母和孩子先達成共識或協議，再看看有沒有更好的解決方案，騎著馬找馬。

這也好像大家分糖果，分完了，臨出門回頭看一下，發現桌上還有三、四顆糖沒分完，於是大家再回去把糖分一分。

結構性協議

有的時候談判談的是未來的事。

比方說你生產的東西在對方賣場的上架，對方認為自己將來的經濟前景很高，所以上架費也居高不下，可是你的看法不然，不願意付高額的上架費，有一種做法就是分階段付費，上架費按業績的多少百分比計算，等業績上升了，再提高上架費的百分比，這種做法叫「結構性協議」。

又例如公司規定一開始先給業務30%的薪水，每一季或每半年評估一次業績表現，如果達到百分之百的業績，餘下70%的薪水就支付，像這樣根據業績決定薪資的也叫結構性協議。

當談判無法解決問題時，結構性協議常成為暫時的解決方案，這也算是協議前協議。

這種分段做法，或說協議前協議，可以使雙方在面臨不同看法時，可以免於談判破裂。

協議前協議，使雙方在面臨不同看法時，可以免於談判破裂。

給長官留面子

屬下要對長官談判時，要注意長官面子。

內部談判最大的挑戰，莫過於和長官談判。因為長官握有生殺大權，你在面對長官時會有心理壓力，言談舉止等都要格外斟酌。

和長官談判時，最重要的原則必須先把握住，就是不要和長官拼面子。因為對長官而言，輸掉裡子就只輸一次；但輸掉面子的話，他的威信是一落千丈，代價太大。

所以身為部下的你，必須護著長官的面子，希望能跟他換裡子，不要得理不饒人，要給長官台階下。

當長官說要請委員會商量一下時，你要知道他是在為自己尋找轉寰的空間，你要能容許他這麼做。

如果得罪長官的話，你的不良記錄可能會列入移交，縱使換了長官，你的記錄還在，所以不能不為自己想。

你希望能跟他換裡子，就不要得理不饒人，要給長官台階下。

協議後協議（PSS）

有時談判已經收尾了，卻還繼續留在桌上，我們稱之為「協議後協議」（post-settlement settlement, PSS）。

達成協議後，雙方可以一起再想想，有沒有更好的方案。

因為問題出現時，往往雙方都很急切想解決，所以很快達成協議，然而由於倉促，所以初步達成的協議可能不是最好的。

就好像分完糖果了，出門前再回頭看看有沒有沒分完的糖果，發現還有，回頭再分完。

又好像「騎馬找馬」，已經騎在馬上了，但還想找更好的馬，先達成初步協議，使雙方心比較定。

分完糖果了，出門前再回頭看看，有沒有沒分完的糖果。

協議前協議（PreSS）

還有一種是「協議前協議」（pre-settlement settlement, PreSS）。

就是在協議之前，大家坐下來討論最壞的可能性。例如兩造合約於三月底到期，於是在二月初就開始更新合約，可是卻沒把握可以在三月底以前達成協議，所

先把最壞的狀況言明在先，最壞不會超過那個限度。

以你可能跟對方說：

「王先生，如果我們能在三月底約到期前達成協議，那是最好的了，如果不成，舊的約自動延長三個月，你認為如何？」

這就稱為「協議前協議」。

又如在蓋房子時，考慮到房子一旦蓋成會影響生態環保，在達成協議前先行協商，未來希望每半年更新一次協議、評估，如果生態受影響，就必須暫停，這也是協議前協議。

協議前協議也可以稱為衝突止滑點，先把最壞的狀況言明在先，最壞不會超過那個限度，因為經過評估不行的話，就回復原來的狀態，情況不會再往下滑。

好比上述的例子，新的約沒談成，最起碼還可以延用舊的約，雖然新的約比舊的好，但舊的約起碼比沒有約好。

9

難的不是說「不」，而是要怎麼說「不」

語言不通、文化隔閡、互信不足、危機重重，都是談判的困境。但在困境中，依然要把「不」字說出。所以要說他的語言，他才聽得進去，唯有這樣，談判才能成功收尾。

決定後悔了怎麼「收」？

如果我們和外國人簽了貿易契約，時間未到而情況改變了，比如海灣戰爭爆發了，我方無法履約怎麼辦？能否在期限未到之前改約呢？

外國人說：「A deal is a deal.」

也就是說，「簽就簽了，你少廢話！不管好約壞約，簽了就簽了。」

不說「重談判」，而說「重解釋」，但這就是「重談判」的實際做法。

但外國人同時也說：「Principle often changes the circumstances.」也就是說情勢變更原則，因為情勢變更，所以約無法執行，雖期限未到，卻可以修改。

一個是不可變更原則，一個則是可變更原則，兩者都是外國人根深蒂固的觀念，那該怎麼辦？

洋人常用掩耳盜鈴的方式自我收場，他明明就在進行重談判，卻被傳統的觀念（約簽就簽了，不得反悔）所牽制，所以常常是可以接受重談判的做法，但不能接受重談判的說法，因此有這麼一套說法：

基於情勢變更的原則，我方主張在條約精神不變的情況下，把某幾個條文拿來重解釋。這邏輯是環環相扣的。

「情勢變更」但「精神不變」，所以是沒有變，變與不變兩頭都兼顧了，並且他是說「重解釋」（re-interpretation），而不是「重談判」（re-negotiation）。

外國人不喜歡說「重談判」，而說「重解釋」，然而「重解釋」往往也就是「重談判」的實際做法。

如果也不喜歡「重解釋」這種說法，還有一種說法就是「澄清」（clarification）。

為了因應情勢，說法和做法有重有輕，重的是「重解釋」，輕的則是「澄清」，但不論是重解釋或澄清，都是在進行某種程度的「重談判」。

這些都是談判收尾後反悔了，可以做的補救措施，也就是做了決定後悔了要如何「收」回來，要如何讓對方也與你配合。

如果是針對外國人，就要想除了根深蒂固的履約觀念之外，還有沒有別的可能性，於是發現洋人也有所謂的「情勢變更原則」這種價值觀念，這也就是用對方可以接受的價值觀念，來包裝我所要傳達的訊息。

說穿了，就是我要說他的語言，他才聽得進去，唯有這樣，談判才能成功收尾。

每種文化都有禁忌

既然說到國際談判，順帶提醒讀者出國談判時，應該注意的事項。

假設你被派駐國外，在國際化的場合裏，你該怎麼談判？要注意什麼事？

首先，搞清楚民族性不同，還是公司企業文化不同。

你所遇到的情況，是一個國家民族性的反應，或者只是該公司的特殊文化？是那個國家的人都那個德行嗎？還是公司的特色使然？

到異地去，要有對文化的敏感度，有些話是敏感議題，千萬別碰。例如你到中東去，不要貼上「反猶太」的標籤，也不能賣金字塔型的東西。

到異地去，要有對文化的敏感度，有些話是敏感議題，千萬別碰。

在中東，你也不能用「妥協」這兩個字，因為在中東人的觀念裏，男人只有勇往直前，豈有妥協的道理，但談判哪有不妥協的？所以你就要規避這兩個字，例如說：

「大家一起想一個解決方案。」

你總要想出一個不帶「妥協」字眼的「妥協方案」。這就好像在台灣，人家送你一頂綠帽子，你堅持不戴一樣。每個文化都有它的禁忌。

有人形容日本民族是「天人合一」，也就是說大環境在變，日本人也在變。所以你問他目標是什麼？老日自己也不知道，因為他隨時在調整。

老美則大不相同，相信「人定勝天」，他們是認定目標，勇往直前，鍥而不捨，死而後矣。

老日的「天人合一」和老美的「人定勝天」，表現在談判上，風格便有所不同，這也就是為什麼要具備文化的敏感度。

重點是誰有求於誰

再者，語言問題。在談判時你最好能掌握對方的語言。如果不行，找翻譯也成，說不定在翻譯過程中，你比較有可以思考的空間。

談判時重要的不是語言能力，而是語言的內容。

但談判時重要的不是語言能力，而是語言的內容。有人說我說話的時候結結巴巴，該怎麼談判？

當然，結巴使你無法將意見表達清楚，這是缺點；但優點是至少你不會搶答，會是很好的聽眾，因為搶也搶不過，你就會認真聽對方到底說了什麼。

再者談判時，結結巴巴不重要，重要的是誰有求於誰，只要能將意見表達清楚，你的優勢不會因為你的口才而受到影響。說服力佳當然可以為談判加分，不僅可以凝聚內部的共識，還可以吸引別人的注意力，但辭藻漂亮沒有內容仍然無濟於事，因為廢話連篇，所以談判的技巧和內容同樣重要，若只能選其一，當然還是談判的內容勝過技巧。

在最佳狀態下談判

談判必須讓自己的身心都在最佳狀態下進行，如此才不容易犯錯，所以出國談判時必須特別注意生活細節。

例如時差的調整、適應環境等，讓自己出了國，讓自己時時都能在最佳的精神狀態下進行談判。

如果你每次出國都住希爾頓，就不要換飯店，以免還要重新適應環境。

把雜務安排給其他人負責，讓自己的心情沉澱，隨時都能應戰。

或者，你也可以刻意安排星期天晚上以前抵達，星期一稍作休息，星期二再開始工作。

還有行李不要帶多，不是怕重，而是怕掉；儘量減少雜務，讓自己保持在最佳的備戰狀態。

如果你是全團出訪，而你又是主談代表，就把團內的雜務安排給其他人負責，讓自己的心情沉澱，隨時都能應戰。

難度較高的勞資談判

勞資談判其實包含三層結構：

一、分配型

第一種談判叫分配型談判，例如分錢、分大餅、分資源等。

勞資談判通常都牽涉到利益分配。

二、整合型

第二種談判叫整合型談判，例如生意上的合夥關係，勞資之間也有整合的關

勞資談判既是分配，也是整合，又要態度建構，所以難度較高。

係，因為勞資可以說是企業的一體。

只不過資方總是喜歡強調整合，即「共創企業的未來」；而勞方則聲明：「整合歸整合，該給我的還是要給我！」

這兩種型態的談判，簡單區別就是，整合型談判必須升高合夥人的期待，才能讓人把金錢或勞力投入。

分配型談判則要降低對方的期待，在有限的資源下，大家平均分配，如果一方有高期待的話，他就會希望多分一點，他多你就少了。

勞資談判既是分配，也是整合，所以難度稍高。

三、態度建構

第三層結構叫「態度建構」，要考慮談判之後的關係，不是每次談判不成就翻臉、翻桌收場。

曾經有公司生產部的管理階層和工會鬧翻了，工會居於下風，只好認了。但從此之後，管理階層就發現底下工人變得很難帶，要求加班，工人便以勞基法為由，拒絕加班，在公司緊要關頭時不幫忙，整個公司的生產力下降。

所以勞資談判也包含這三層結構：分配、整合和態度建構。

分配型談判要適時降低期待，整合型談判要升高期待，態度建構則要考慮談判不能破壞關係。

危機處理

危機談判的難度就更高了。先談幾個和危機談判有關的細節。

首先，你如果碰到有人來找麻煩，你必須和他談判，這種也叫糾紛談判。

面對這種糾紛最好採取主動，你被找麻煩，你已經處於被動，所以最好能爭取主動。

例如談判的時間和地點由你敲定。如果選擇到你的地盤來談判，場面你比較好控制，也比較能夠營造氣勢。

談判開始的前三十秒，你的視線不能離開他的眼睛，定定地看著他，讓對方知道他的不對。

由於是糾紛談判，你必須堅守你的立場，千萬不要心軟，講出「你講的也不是沒有道理」之類的話，你氣勢一旦弱了下來，後面可能兵敗如山倒。

你被找麻煩，已經處於被動了，所以更要爭取主動。

講一個理由就好

另外也不要講什麼「沒有先例」的話，因為對方可能回說：

「沒有先例？創個先例不就得了！」

所以糾紛談判決不能心軟或猶豫，因為人家也會推推看，一看你言辭閃爍、態度游移不定，他當然順勢就往前推一把。

談判中能取得強勢者，通常是能夠斷然拒絕對方的要求者。

「斷然拒絕」也就是不講任何理由的拒絕，他的優勢就是不容易被駁倒，因為什麼理由也沒給，像石頭一樣，沒縫的。

如果你硬是掰一個理由出來，人家就有反擊的著力點；如果你非講理由不可，講一個理由就好，不要修正你的理由，越修越薄弱，你的心也越虛。

化解危機的發言

假設今天的情況是你必須對外講話，化解危機，對外發言必須注意以下四點：

不要修正你的理由，越修越薄弱，你的心也越虛。

人性關懷、簡潔、引導與不留尾巴，是對外講話以化解危機的原則。

一、注意人性關懷

哪怕你說的義正辭嚴，如果看似不食人間煙火，也會引起人家反彈。

如果一個國防部長，針對軍中軍人意外死亡事件對外發言時說：

「哪個地方不死人！」

他說的一點都沒錯，但卻無濟於事，而且毫無人性。

二、發言務必簡潔有力

簡潔才不會出錯，話說得越簡潔，才不容易有矛盾，越修飾越容易產生矛盾。

三、引導發言

因為引導發言，就引導新聞，而不是被動等著人家或新聞媒體去揭發或揣摩。

四、不要留尾巴

做危機處理時如果話講得不清不楚，後面還留個尾巴，麻煩於是跟著到，而且可能引發連環炮，本來是要化解危機的，卻適得其反。

Part 3

談判不只需要技巧與臨機應變，結局也往往在未談前已有伏筆。如何選擇議題、了解文化差異、對手性格、攻防目的、設定停損點？這些談判前若有準備，就更有助於解決僵局。

談判——解決僵局的遊戲

10

準備？不準備踏出談判第一步

只有當雙方都覺得談判有急迫性時，才會坐下來談判。當一方想談，一方不想談時，當然無法促成談判。但問題就在於：我認為談判成熟的時機，與對方認為談判成熟的時機可能不一樣。

談在氣候成熟時

生活中我們經常都在談判，但究竟為什麼我們需要談判？很多人卻不明白。其實道理也很簡單，因為當我遇到了一個無法容忍的僵局時，如果我既無法等下去，又無法獨力解決，就必須靠談判來加以解決了。

但問題就在於：我認為談判成熟的時機，與對方認為談判成熟的時機可能不一

當「大氣候」與「小氣候」都成熟時，就是最佳的談判時機。

樣，這時我們就必須利用談判的各種戰術，例如威逼、利誘、說服、提供資訊等，讓對方也覺得必須把握眼前的時機和我談。

只有當雙方都覺得談判有急迫性時，才會坐下來談判。當一方想談，一方不想談時，當然無法促成談判。

談判時經常會有需要尋求奧援的情況，也就是找到人可以與我結盟，有了奧援，就必須同時考慮到這個人的時間，我所選定的談判時機，他能否配合，也願意那時出面幫我？我若在我認為合適的時間點將問題引爆了，他是否心有餘而力不足，無法助我一臂之力？

另外，在考慮談判的時機時，也必須同時考慮要不要從時間去找槓桿，借力使力。所謂「借力使力」就好比在換春季的時候買大衣，或在夏末的時候買冰箱一樣，利用時間做槓桿。

談判時機有「大氣候」與「小氣候」的不同，大氣候——如我方和對方均感到時間的急迫性，和小氣候——如結盟的對象可以使得上力。

當「大氣候」與「小氣候」都成熟時，就是最佳的談判時機。

找你熟悉的地方

談判過程不是「真空」的存在，它一定要在一個實際的環境裏進行，這就是所謂的「談判的實質結構」，包括談判的場地、會場的座次等等。

談判應該選在什麼地方進行？心理學家指出，人們在自己熟悉的地方，會較有自信，講話也比較肯定，同時還能以逸待勞，並且和自己人套招演「雙簧」給遠來的人看。這些都是在自己熟悉的地方談判的好處。

因此如果可以自己選擇地點，大家多半都會選在自己熟悉的地方談判。

可是在熟悉的地方談判也有缺點，那就是壓力會特別大。一九八八年四月，中美貿易諮商談判在台北舉行時，當時負責的官員擔心觀眾太過熱情，影響談判的進行，所以事先曾千方百計對談判的地點加以保密，但後來事實卻證明這樣做根本沒有效。

四月二十六日談判開始當天，一大早各報的採訪車就守候在經濟部官員家門口，他們一出門，記者就一路尾隨跟隨，直到陽明山的談判會場。

所以要想以逸待勞，當談判的主辦者，就必須承受巨大的觀眾壓力。

如果沒有觀眾壓力，最好選在自己熟悉的地方談判。

到底是誰在跟誰談？

我們上了桌後，到底在跟誰談判？這一點至少是談判時必須搞清楚的，否則談判沒有對象，豈不是隔空喊話？

談判的當事人，也就是談判的「方」或「造」。談判時必須先弄清楚，到底有幾造？

也許有人會說，這有什麼問題？用指頭算一算不就出來了？真的是這樣嗎？事實上並不一定。

你可能有這樣的經驗，明明是跟乙在談判，可是談著談著丙就跑來了，不但替乙出主意，甚至自己親自上陣了。

許多資方代表在勞資談判時，便常有這樣的感慨，因為很多來替工會幫腔的第三者，陸續都變成了談判當事人了。誰搞得清楚到底誰在跟誰談判啊？

在公司裏，雖然不見得會遇到當事人不斷變換的問題，但對同事、對主管，或對下屬談判，談話技巧卻需要因人制宜。

談判的當事人，必須先弄清楚，到底現在有幾造？

不要綁死你自己

談判桌上有你看得見的東西，也有你看不見的，看得見的好談，看不見的反而難談。議題的具象與抽象，與談判結果大有關係。

數字、行為等是看得見的，屬具象議題，個人死生榮辱、國家民族大義、祖宗八代清白是看不見的，屬抽象議題，將此類議題抬上桌就難解了。

舉個工會的例子，工會的張三、李四和王五被解雇了，結果工會貼出佈告以示抗爭：

為了證明工會的獨立自主，我們堅決主張張三、李四、王五三人恢復原職，此為我們談判的底限。

這話不講還好，一講結果把自己卡死在談判桌上了，「工會的獨立自主」就是一頂大帽子，先把大帽子擺桌上，談判就更難了，工會如果讓步，就表示工會的獨立自主受到威脅。

再者主要訴求是「三人」均要恢復「原職」，這樣的要求也是沒有妥協空間，例如三人能不能只有兩人恢復？或者不要同時恢復可不可以？或三人復職，但不是原職可不可以？

看得見議題的談判比較好談，看不見的反而難談。

你在佈告中強調這是「底限」，底限已經擺在桌上，就更沒辦法妥協了。結果漂亮的話一擺上桌，就發現自己的立場、處境進退維谷。

和長官談判時，切記不要用抽象議題把自己給綁死了。

議題的掛勾與放大

談判時往往不只談一個議題，而是同時處理許多議題，而在眾多議題中，可能有的是我有求於他，有的是他有求於我。

這時我就必須想想，要不要把其他議題掛在一起談，將議題放大，這就叫「議題掛勾」。

議題的掛勾，通常有兩種說法：

第一種是「如果你給我A，我就給你B」。

另一種是「如果你不給我A，我就不給你B」。

後者又叫「勒索」，這種議題呈現法令對方反彈的機會較大，所以在談判裏，我們主張前者，也就是「如果你給我A，我就給你B」。

這種掛勾方式就好比我們在買東西時說：「老闆娘，如果你算便宜一點，我就跟妳買！」這句話不盡然等於「如果妳不算便宜一點，我就不跟妳買」，因為老闆

把其他議題掛在一起談，將議題放大，讓談判的收穫更多。

娘如果不降價，你還是有可能跟她買。

所以這種掛勾法是兩用策略，如果你給我，我就給你；至於你如果不給我，我要不要給你，那就再說，端視我當時的權力大小而定。

權力小時，我只好鼻子摸摸，還是給你，這就是談判。

築牆還是開門

我們上了談判桌，要掌握速度的快慢，談判是有節奏的。有時我會擺一堵牆來擋，有時我會開一扇門放行，擋住速度就會慢，放行速度則要快。

通常如果在談判中，我們不想運用太多策略時，就會把簡單的問題放在前面談，好處就是談判容易上手，談判者受到鼓勵，就會上桌好好談。

如果我想放慢談判的腳步，就可以把棘手的問題卡在中間，因為談判一遇到困難，速度就慢。所以難的議題可以視情況擺在前面、中間或後面。

對於談判新手來說，最好是小的、容易的議題先談，棘手的擺中間，當你要放時，就一手放掉；也有可能問題就此卡住，你可能就要等第三者進來調停，或者政府的政策有所改變。

談判是有節奏的。有時我會擺一堵牆來擋，有時我會開一扇門放行。

有時我們會在後面放慢腳步，表示我可能還需要時間想想，也有可能我要回去擺平內部的人，我若太快答應，可能內部的人擺不平，這時放慢速度有幾個好處，一則像擰毛巾一樣，看看對方還有沒有什麼東西放出來，一則看看我方內部的部門或派別能否形成共識。

等共識凝聚了，毛巾也擰得差不多了，這時我再「碰」地開一扇門放給對方，好！結束。

談判的節奏也就是所謂「談判的議程」，要安排好各議題的順序，照著順序往下走。

溝通是談判的基礎

溝通管道對談判非常重要，因為不管我們是威脅，還是利誘，都需要透過溝通管道傳達給對方。

同樣的，當對方要威脅利誘的時候，也一樣要透過溝通管道，把訊息傳給我們。因此溝通管道的暢通與否，和我們談判能否成功，能否堅持立場，有著密切的關係。

一般而言，溝通管道許多種。有「聽得到、看得到」的管道，例如面對面談判；

面對面或電話溝通，效果都大於只做書面溝通。

「聽得到，但看不到」的管道，例如打電話；以及「聽不到，也看不到」的管道，例如寫信。

一九七〇年，兩位美國學者維茲和凱特（Vitz and Kite）做了這麼個實驗，他們把接受實驗的人分成三組，每一組再各自兩兩成對，分成好幾對去各自談判。

但是這個實驗規定，第一組的各對，可以面對面談判；第二組的各對，只能電話談判，至於第三組的人，則只能寫信談判了。

後來實驗結果發現，第一組和第二組的人，達成協議的比例差不多；但只能寫信談判的第三組，達成協議的比例非常低。換句話說，看不看得到對方並不是很重要，但若連聽都聽不到就糟糕了。

所以兩位學者由實驗結果歸納出下面這個命題：在其他條件不變的情況下，若談判雙方無法看見對方，談判的有效程度還能維持在一個令人滿意的水準之上。

可是如果連口頭的溝通也被取消或打斷，談判的效果就會大大受到傷害。

說「不」是藝術，也是技術

談判並非每一次都必須達成協議，談判有時也有說「不」的必要。

至於怎麼說不呢？「說不」有直接說法和間接說法，咱們中國人老一輩講話都

在東方人的語言裡，Yes + but + if = No

比較迂迴，喜歡間接；現代年輕人講話則越來越直接，所以如何「說不」也呈現了世代之間的差異。

間接說「不」比斷然拒絕法稍微溫和些，其典型的表達就是：好是好，但是……，由於文化的差異，中國人和日本人不太容易說不，所以常有老外抱怨，跟台灣人談判很麻煩，搞不清楚講「好」到底是真的「好」還是「不」，總是還要聽聽看下文。

日本人也是，到工廠參觀時，不斷地誇產品很棒，「但是」可惜設計舊了點，接下來又說：

「我回去跟老闆講講看，如果可以的話，我明天下單給你。」

其實這種說法就是「不」。日本人自己寫的書裏面也說，他們是yes、but、if，三個加起來等於「不」。

至於中國人則是yes、but……，好是好，但是……。

yes、but……加起來，還是「不」。

文化差異

有談判書寫道，如果你跟拉丁美洲講西班牙語的人談判，千萬不要誤把他們的si當作「好」。

隔閡不只是語言，而是整個文化、歷史等層面所形成的差異。

講西班牙語的人習慣講 si，當他們一直說 si、si、si 的時候，不等於是「好」的意思。

Si 明明就是「好」的意思，卻不能當作「好」解讀，文化差異給談判惹來的麻煩還不只這些！

面對不同國家的人，隔閡不只是語言的問題，而是整個文化、歷史等層面所形成的差異。有一個哈佛大學提供的案例，是關於美國廠商想把東西賣到韓國、日本的故事。

美國那邊鎖定了日本幾家重要的經銷商，發信給他們，其中一家日本經銷商很快回覆，表示很有興趣合作，就派了一個代表到美國，美方準備了厚厚一疊的資料，講了很多細節內容，分析給日本人聽，公司如何，產品如何，用 PowerPoint 打出來作簡報，交談過程中發現日本方面一點都沒有準備。

美方的律師就出面，請日方代表說明一下公司的結構、財務狀況等，日方代表只看了看這位律師，並沒有回答他的問話，卻回頭向美國公司的總裁講：

「我們老闆想請你到日本來，彼此認識一下，了解了解公司。」

總裁說：「那可以呀！我們就派一位資深的市場部人員去。」

這位日本代表就面有難色說：「我們老闆是請你個人來，不是叫你派代表來。」

這下美國公司總裁就躊躇著，不知怎麼答話。

光這樣一個故事，裏面包含了多少文化差異和衝突，多少「好」，多少「不」？

公司簡報沒必要

哈佛大學提供的這個案例很有趣。

首先，日本人在談判的時候有一個特色，就是在談判之前，他會把你這個公司的資料收集的非常好。

因為他今天可以派人到美國來跟你談，表示他老早把你公司的底摸得很清楚了，所以他假設美國人也是如此。美方你會請我日本人來，難道你沒有把我們公司的底摸得很清楚嗎？

這就說明了，美國公司做了那麼多的簡報，對日方來說根本沒有必要，因為他們老早就蒐集充分的資料了。

那日本人為什麼沒有準備呢？理由很簡單，因為他認為你美國人在談判之前，應該也做了功課，那麼他們就沒有必要準備了。

這是日美文化的第一個差異。

日本人在談判前，他會把你這個公司的資料收集的非常的好。

直接講話

美國人在談判的時候，律師扮演很重要的角色。所以在講完之後，律師提問：「你們日方是不是可以講一下貴公司的財務狀況等等？」

相對地，日本人的律師就沒有佔那麼重要的角色。美方的律師跳出來，日本人就想：

「我是來跟老闆談的，你律師插什麼嘴？」

結果日本人就對那個律師愛理不理的，反而直接跟美方的總裁講話。

日本人對律師愛理不理，而直接跟美方的總裁講話。

先派中間人探路

美國覺得日本就派一個人來，陣仗似乎太小了點。

其實日本人談判和中國人很像，兩個民族都愛面子，所以都會先派個中間人。這中間人可能是他的工作伙伴，或是財務經理，先來探探路，能談就談，不能談老總就不必出面，也不會失了面子。

等先遣部隊見情勢許可，可以再談，就出面邀請對方總裁到日本，先做私人接觸，大家先培養關係，之後再談細節。

日本人愛面子，中間人能談就談，不能談老總就不必出面，也不會失了面子。

邀請的是「個人」

美國人對日本人這樣的邀約，可說摸不著頭緒。

因為老美沒這習慣，他很自然的反應就是：

「那好呀！謝謝邀請，那我就派位資深的市場部經理前去拜訪。」

日本方面的回答完全可以理解，因為他解讀美方的回答為拒絕之意，總裁本人不去，而派一位資深經理作代表，這對日本人來說，就是委婉表示「沒興趣」之意。

因為日本人會認為，我是邀請你個人，而你卻派底下的人來，那表示你沒興趣呀！

本來前景看好的一場合作關係，才第一次接觸就夭折了，這都是不瞭解文化差異惹的禍。

淋濕了再進去

反觀台灣，也有一些特殊文化背景。

在正常狀況下，如果外面下大雨的話，你進談判場合時，一定要表現出你是乾的，就是一切都 under your control，你是乾的，表示一切都在你的掌控之中。

日本人認為，我是邀請你個人，而你卻派底下的人來，那表示你沒興趣呀！

我要顯得比你爛，雙方才有談判的可能。

所以真的被淋濕了，你也要在一旁換了衣服，再上談判桌，一切踏水無痕，只為了向對方說：

「你看，我多厲害！」

但早十年情況卻完全相反，外商公司在面對本土公司時，外面下著大雨，縱使自己是乾的，也要淋濕了再進來。

因為本土公司看你是外商公司，認為你喝過洋墨水，了不起，他就不和你談，戒心很強，所以淋濕了進來，還要邊說：

「唉呀，不好意思，叫不到計程車！」

本土公司一看，就以為你和他一樣，是無車階級，在心理上就不那麼緊張。

淋濕了是為了解除本土公司的武裝，這就是人容易相信比自己弱的人的心態，他如果認為你很強勢，他就容易產生害怕的心理，不願意和你談。

為了解除你的武裝，讓你不要緊張，所以我要顯得比你爛，雙方才有談判的可能。

11

你有什麼？對方又要什麼？

你有什麼籌碼是人家要的？到底什麼東西足以構成吸引人的籌碼？

金錢、行為、人脈、人力等，都可能是關鍵的籌碼。你擁有對方想要的東西，你就握有籌碼。

我有什麼？

談判一定是雙向的，而談判的發生，必定也是兩方面都有意願，才能構成談判。

當你的意願強過對方的意願時，你怎麼讓他來跟你談？談判的發生決不可能單靠一方的精神感召。

先想想看：「你擁有什麼東西是人家要的？」這就是談判的籌碼。

老實說，談判的籌碼有時候很難找的，常常我們看對手很強，自己的氣勢就已經先削弱一大半了，這談判該怎麼談下去？

所以尋找談判的籌碼，首先就要想想看：「你擁有什麼東西是人家要的？」這就是談判的籌碼。

時時在變的籌碼

談判的籌碼會隨著時間和社會脈動而變化。

舉例來說，以前賣保險的主要訴求通常離不開「天有不測風雲，人有旦夕禍福，你需要一支五百萬的大傘。」之類的說法。

但是向現代人拉保險，這種說法已經不敷需求了，現在的保險少不了談理財、節稅等。

記得一九八六年我剛回台灣教書的時候，看宮崎峻的卡通「魔女宅急便」，乍看不瞭解它的片名，看了英文名稱，原來是home delivery，也就是宅配的意思。

但現在台灣早就宅急便滿街跑了，無人不懂「宅急便」的意思。

由此看來，現在的環境也許是通路商比製造商更具有談判的籌碼，所以環境會改變，通路的優勢今非昔比。

環境會改變，如今通路商比製造商更具有談判的籌碼。

別人要的才叫籌碼

再回到一開始的問題：

你有什麼籌碼是人家要的？到底什麼東西足以構成吸引人的籌碼？金錢、行為、人脈、人力等，都可能是關鍵的籌碼。

經銷商對上製造商，誰占優勢？是他想要你的通路，還是你想要他的製造？是握有通路的掌握權力，還是能生產流行商品的掌握權力？

如果你是名聲響亮的大企業，供應商和你談時，要的可能就不見得是金錢，而是名聲。

他能跟你沾上邊，表示他的產品也掛了品質保證，使他將來在與別人接洽時更有份量，而這些還是要靠談判才能顯出雙方籌碼的功效。

或者你和老闆談加薪，你的籌碼在哪裏？

你總要有老闆要的專業才有談的籌碼，如果你的工作很容易被他人或者被機器、電腦取代，在老闆眼中你就沒有了加薪的價值。

注意，這裏談的籌碼必須具備「吸引人」的條件，人家要才算數，你說你的東西棒，但是人家不要，又有什麼用呢？就像日本 7-11 零售之王說：

不是替顧客想，你就是顧客！你必須站在顧客的位置想：他要什麼？

「不是替顧客想，你就是顧客！你必須站在顧客的位置想：他要什麼？」你擁有對方想要的東西，你就握有籌碼。

提升籌碼的價值

如何提升籌碼的價值呢？這當中需要有媒介。以行銷為例，從大的來講是廣告行銷，中的來講是簡報技巧，小的方面就是個別說服。你要怎麼切入，促使對方願意掏腰包購買你的東西。

再來，即使擁有對方想要的東西，可以作為你的籌碼，但是對方是不是天天想要這東西？

答案也許是不一定，也許他今天想要，明天不想要，所以籌碼還牽涉到時機（timing）問題，關鍵在於你怎麼抓住時機讓他想要？

瞭解對方需求以設定你的籌碼，就大方面而言就是市場調查，調查看看他想要什麼，設法去擁有。

就小方面而言，如果是人際之間的話，就要保持密切接觸，不斷發問，所以要準備一些話題，跟他聊聊，但不要讓對方產生厭惡。

瞭解對方需求之外，還要瞭解需求是會改變的，因為人的想法是會變的，也許

要貼著客戶，卻又不能讓人家覺得你想盡辦法賣東西給他。

我們都有這樣的經驗：

你在書店看到一本書，考慮要買還是不買，想了半天不要了，後來回去想了又想還是想要，等回去買時卻已經賣掉了，只能懊惱不已，買衣服也常有這種情形。

無論如何，人的想法是會變的，可能在某個時候某個特殊的情境，你心裏的某根弦被撥動了，你決定買或者決定不買。

所以，做業務、做採購的就更需要視情況拿捏分寸，有時候要貼著客戶，卻又不能讓人家覺得你想盡辦法賣東西給他。

先提敏感問題

推銷保險就是最好的例子。

客戶常常不喜歡被保險人員纏上，為什麼保險員不受歡迎，因為他們常常不一開始就講保險，直到最後他才丟出保險來。

其實他賣保險沒有什麼不對，我們為什麼要覺得奇怪呢？因為一開始我不曉得或我沒有想到你會賣保險。所以我常建議保險從業者，不妨就先跟朋友講：

「你有我這一個保險經理人的朋友在你旁邊，對你只有好處。有一天萬一你想買保險，我就可以幫你忙。」

敏感問題不妨由我先將它講出來，或者由我想辦法讓你把它講出來。

直接化解客戶心裏最敏感的問題，並且傳達這樣的訊息：「我不是要賣你保險，不要緊張，只是如果有一天你需要，我可以幫你忙。」這就是你貼著他，當他的朋友，等他需要時，你就派上用場。

保險員和客戶之間的心理拉鋸，在談判桌上是常見的現象，就是有一個敏感問題明明存在，對方老不提，我心裏就不踏實，因為我曉得你不知道什麼時候要把難題丟出來，而你現在裝作沒事人一樣，那我心裏就直犯嘀咕。

所以不妨由我先將它講出來，或者由我想辦法讓你把它講出來，先把問題化解了，講出來大家心裏的石頭就落地了，然後就可以比較踏實地來往。

撞球式談判法

有時候為了製造談判的籌碼，我們需要佈局。

假設我是A，我要對B談判，但我沒有B想要的東西，怎麼辦呢？這時，我就要去找找看誰能影響B，找到了C可以影響B，再看看我有沒有C想要的東西。

如果我有C想要的東西，那就用打撞球的方式，先拿這個籌碼去影響C，然後藉著C去影響B，使籌碼間接發揮功效。

用打撞球的方式，能使籌碼間接發揮更大的功效。

讓對方「相信」你有

還有一種狀況是「虛擬籌碼」，你並不是真正擁有那個籌碼，但談判照常可以進行。

因為往往我們是跟「認知」（presumption）在談判，而不是跟「事實」（reality）在談判。

所以你到底有沒有，嚴格來講是不重要的，重要的是人家相不相信你有，人家相信你有，你就有，不相信你有，你就沒有。

所以擁有對方想要的東西，也可能是你讓對方「相信」你有他想要的東西，抓住適當的時機出牌，扣住對方的需要。

要擁有對方想要的

在此做個小結，談判中的籌碼，就是你擁有一樣東西，而這樣東西又是對方想要的。然而對方的需要可能會改變，你於是要瞭解他想法或格局的改變，大的來說就是市場調查，小的來說就是保持人際間的接觸。

有一種情況是，你真的想破頭了，發現你就是沒有一樣具體的「東西」是對方

我們是跟「認知」在談判，而不是跟「事實」在談判。

籌碼強弱和公司大小沒有絕對關係，而是誰比較想要誰的東西。

想要的，其實你忘了也許你有他想要的「行為」，行為也可以是一種籌碼。

籌碼是擁有對方想要的東西，「對方」指的是誰呢？是他，還是他的公司？他和他的公司不完全一樣，他的公司講的是正當理由，他則可能有他個別的利益牽扯在內，像金錢、前途等。

擁有籌碼就擁有談判的優勢，但假設你有別人想要的東西，別人也有你想要的東西時讓怎麼辦？

有一種可能性是互相想要的程度不同，另外一種可能性就是一方的籌碼較具說服力。

假如你是一家小公司，你有一個專利，但你沒有足夠的財力去生產，可是日本有一家大公司想要購買你的專利或你的公司，你的專利對他而言是創新發明的契機。

所以，大公司的籌碼是錢，而你的籌碼則是專利。表面上看來大公司的規模似乎比你具有優勢，可是在談判桌上他卻不見得贏你。

因為你也許不缺錢，所以無所謂賣不賣，你也大可以不賣。

因此誰的籌碼比較強，端看誰比較需要對方的東西。

談判桌上如果是強者恆強，弱者恆弱，那這遊戲就沒什麼好玩的了。

在這個例子中，誰的籌碼強弱和公司大小沒有絕對的關係，而是誰比較想要誰的東西。

所以，談判的籌碼是你可以給人家的「東西」，這東西可以是利益，可以是行為，也可以是聲望。

12 強者不恆強，弱者也不恆弱

在談判時，如果光有許多籌碼，而沒有談判技巧，十分的力量，只發揮得了七、八分。相反的，有了談判技巧，再經過妥善的談判，十分的力量，卻可以發揮出十五分的影響力。

籌碼不等於權力

很多人經常將談判的「籌碼」和談判的「權力」混為一談，好像手中沒有「籌碼」或沒有「牌」，就等於沒有「權力」。

其實籌碼並不是權力的全部，權力具有廣泛的面向，籌碼只是其中之一而已。

分析談判的權力，共有三個角度：

權力具有廣泛的面向，籌碼並不等於權力的全部。

一種是把權力定義為一種潛能或資源，籌碼就是屬於這一類。

另一種是把權力定義為一種結果，也就是說，談判雙方誰最後能使對方做一件他本來不願意做的事，誰就比較有權力。

第三種定義，認為談判的權力也是一種戰術，像控制資訊、創造正當性；鎖位立場等，都是屬於這個層面。

以下我們來看看談判權力的幾種型態。

談判時的「賞」

談判時，你要讓人覺得他欠你一份情，他才會認真地和你談。

我賞你，但不是白給的，我要換回我當得的。

記住！你的賞只是一種籌碼，不是拋磚引玉，因為磚是引不出玉的。

但是如果你給的東西很小該怎麼辦？或者他並要求你很大的恩惠（favor）時怎麼辦？

很簡單，那就不要求回報了，先存著，等累積夠了，再一次要回來。

也就是你不要求對方立即回報，就像存款一樣，先存在那兒，等到將來也許對方會回報一個大的，這叫做「買交情」。

你的賞只是一種籌碼，不是拋磚引玉，因為磚是引不出玉的。

談判時的「罰」

什麼是「罰」，就是「使得不到」。

「罰」就是防止對方得到他想要的東西，也就是談判中「賞罰分明」的「罰」。

談判講「有賞有罰」，你有可以賞給人的，但問題是你能罰嗎？

先問自己：你能把什麼不好的東西打在人家身上？或者是從他身上剝奪什麼好的東西嗎？如果有，這會是你的籌碼。

談判的賞和罰，都是沒有兌現的時候才有效，一旦兌現，立刻就沒效了。

例如你跟小孩說：「大毛不准出去，出去就打你唷！」這樣沒打才有效，打了就沒效了。

如果你真打了，那小孩心想，既然挨打了，那就乾脆出去，不然就白被打了！

談判有一種罰是被動的，例如，你今天去圖書館找書，但找不到，請管理員幫忙找，管理員說：

「笑話，沒藏起來就不錯了，還要我幫你找，去，自己找！」

這叫「使得不到」，我沒害你，我只是不給你而已。

又例如王先生得罪我了，不過我不會把他當敵人，我這個人是不記仇的，但從

我沒害你，我只是不給你而已。

今天開始，他也不會是我的朋友。要我害他是不會的，但是要我幫他？門兒都有沒有！

這就是中國人說的「不怕官，只怕管。」也就是外國人說的「情勢權力」。

用你「消極的權力」

我沒害你，只是不幫你而已。

談判中的「罰」，除了不給你，另一種是不幫你，舉個生活中的實例。

如果你要進到辦公大樓裏去，管理員向你要證件，剛好你沒帶，只好乖乖訪客登記，找個人下來接你。

你說那個門房或保全，其實沒啥了不起的，社會階級也沒你高，但他就是可以卡著不讓你進去。

即使你跟他發脾氣，說我是某某公司新來的經理，但他若堅持「認卡不認人」，你在門口鬧，只會失了自己的身份，當然只能鼻子摸摸，辦訪客登記了。

這種權力叫「消極的權力」，就是我沒害你，只是不幫你而已。

另外像是我不說你的壞話，但長官要我推薦的時候，我也不會推薦你，這就是「罰」的力量。

敢「皮」就先贏一半

在談判時，時間也是一種戰術。就是誰面臨了期限的壓力，誰就占下風。只要你可以讓別人相信你有時間，有時間的人就是可以耗，也就比較有贏的機會。

二輛車狹路相逢，你有什方法叫人家倒車而我不倒呢？有一種方法就是「皮」，窗戶搖下來聽音樂，點根煙，一副誰怕誰的樣子。敢「皮」的關鍵就在你有時間跟他耗，但必須強調的是，真正的關鍵不在於你是否真有時間，而在於人家「相不相信」你有時間。人家相信你有時間，跟你真的有時間，兩者具有同樣的效果。

關鍵不在於你是否真有時間，而在於人家「相不相信」你有時間。

預留還是砍斷退路

凡事得先找退路，談判也是。什麼是退路？退路怎麼找呢？有退路跟沒有退路，差別在哪裏？談判時，你如果表現得太在乎一樣東西時，你就是不給自己留退路。例如你很在乎時間，對方很容易抓住這點，你就沒有談贏的勝算了。

砍人家的退路，還是增加自己的退路，要視情況而定。

談判的時候，我們是要去砍人家的退路呢？還是增加自己的退路？

如果砍人家的退路，就提高人家對我的依賴，我的權力也會增加。

如果增加我自己的退路，就是減少我對他的依賴，我的權力也增加。

有時增加了自己的退路，提高權力，減少對對方的依賴，卻不能保證對方在談判時就一定讓步，我有權力我不讓，對方也不見得要讓時，雙方依然處於僵局。

所以，到底是要砍人家的退路，還是增加自己的退路，在談判學上的看法仍舊分歧，我認為要視情況而定，所謂case by case。

比方說跟老闆談判，但我沒什麼專業，老闆就很容易找到退路，他可以把我辭掉，找到別人來取代我，於是我也要找到我的退路。

這時我可以跟老闆講，我有財務危機，你不能解決我的財務問題，我只好再找別人看看誰能幫我解決，這是為自己預留了退路。

善用對你有利的「法」

在談判桌上，要看「法」是在哪一邊？是在我這邊呢，還是在他那一邊？

法律常常是拿來當基礎的，例如買東西的時候，你看中一個東西，老闆說賣38塊，你說算便宜一點啦！鄰居嘛！老闆可能會讓到35塊，算整數。

跟對方表明：因為不合法，所以我不能答應你。

但你還不滿意，再砍，這時老闆35塊守得很緊，不容易砍。假設情況是從38塊砍到36塊，36這數字就不如35容易守，可能很快就讓到35。所以，老闆在守35和36的力道是不一樣的，35的防守力道很強，因為會卡在那兒，就好像竹子的節，卡在那個節上。

整數就好像那個節，這在談判理論上就叫做焦點（focal point）。如果不談數字，這個焦點就是法律。

比方說今天我要資遣一些員工，我是根據「勞基法」給予資遣費，勞基法就是焦點了。

如果沒有勞基法，就很難推得動，所以說你若依據勞基法辦理，於法有據，無人敢說話。並且，你是根據勞基法的一點五倍或兩倍給予資遣費用，又顯出你的慷慨。

完全以法為本，在這個世界上卻不見得凡事都行得通，既然合法的不見得能做，至少做到不合法的不做，這在談判上也是一招。跟對方表明：

因為不合法，所以我不能答應你。

談判裡的「喜歡」

在談判上有一種權力，叫親和權或是參考權（reverent power），「喜歡」就是其中一種。

例如我非常認同或欽佩什麼人，我願意學習他，所以這個人對我就比較有影響力，他不需要賞我、罰我，我自然而然就會學習他。

比方說我們小時候學爸爸、學媽媽，長大以後我們學電影明星，所以很多產品喜歡找明星或名人代言，因為觀眾喜歡這些人，所以他們代言的產品具有說服力。

親和權不止存在於人與人之間，甚至國與國之間也有親和權。

問題是親和權可能很虛無飄渺，正所謂花無百日紅，今天你喜歡我，明天可能就不喜歡我了。

所以必須想辦法，把這種「喜歡」轉換成真實的利益，喜歡我就要買我的東西。

我們必須想辦法，把這種「喜歡」轉換成真實的利益。

累積或速成的專業知識

專業知識包括資訊和專業，誰的資訊或專業比較多，誰的影響就比較大。

你所收集到的叫 information，經過處理後能夠用的叫 intelligence，再經過系統

談判前必須問自己，你有什麼專業知識是人家要的？

處理的就叫做knowledge。

所以談判前要問，你有什麼專業知識是人家要的？

你可以去累積，而且你要有能夠提出來的方法，你很有知識，但也不能在談判時把一疊書擺在桌上，一來是賣弄，二來是沒有說服力，三來會惹人厭。

所以你必須具備呈現專業知識的方法，畫圖表是其一，在談判桌上可以一目了然，那跟人接收知識的習慣有關，對於圖、表較容易吸引。

如果你說你真的沒什麼專業知識，該怎麼辦？

專業知識一時半刻也累積不起來，這時不妨趕快背一些統計數字，至少能撐住場面。

看你讓或不讓？

虛張聲勢在談判時也是一個權力，你能不能暫時唬住對方呢？

例如兩車相逢，狹路對峙，如何讓對方讓路？

舉個林肯的例子，林肯駕著馬車，與人狹路相逢，誰也不肯讓，林肯站起來，他人高馬大，長得又醜，站在月光下影子拉得好長，他跟對方說：

「你讓或不讓？」

談判有一半是靠唬弄的。看你能不能暫時唬住對方呢？

對方一看，心想，打也打不過人家，只好好乖乖讓了。

直到兩車交錯時，對方越想越不服氣，就問林肯：

「如果剛才我不讓，你會怎樣？」

林肯聳聳肩說：

「不怎麼樣，你不讓，我讓呀！」

所以談判有一半是靠唬弄的。

耍一耍「無賴」戰術

耍無賴怎能算是一種戰術呢？

再說兩車對峙，狹路相逢，有什麼辦法叫人家倒車而你不倒呢？

無賴戰術就是擺明你不會倒車，你說你新手上路，不會倒車嘛！你縮縮脖子，聳聳肩，雙手一攤：

「我沒辦法，你看著辦吧！」

遇上這種人，又能怎麼辦呢？只好摸摸鼻子，乖乖倒車。

耍無賴也可以是一種戰術。

「我沒辦法，你看著辦吧！」也是一種戰術。

是戰術？還是累積？

所以，談判的權力有：賞、罰（使不能得）、時間、退路、法律、喜歡、專業知識、虛張聲勢、無賴步數等九個。

這當中有些是戰術，有些是累積的，例如賞罰是累積的，你得要有東西才可以去賞和罰，這「東西」是靠累積的，同時也要講究使用的方法。

你有可能沒有抓到時機去賞、去罰，而白白把好時機給錯過了。在這種情況下，縱使有權力卻用不出來。

所以我們在談判的時候，如果光有許多籌碼，而沒有談判技巧，十分的力量，只發揮得了七、八分；反之，十分的力量，經過妥善的談判，卻可以發揮出十五分的影響力。

談判術就好像是設計師或工程師，如果你徒有原料，卻沒有藍圖，是蓋不出房子的。

談判的權力有些要靠累積，就是原料，再加上天時、地利、人和將它運用得當，有些權力則是沒有原料，而是要用出來，就是戰術。

至於賞和罰呢？

十分的力量，經過妥善的談判，可以發揮出十五分的影響力。

他有原料有戰術，你必需要有這個東西，然後中間想到賞和罰。

時間是戰術還是原料呢？

時間可以是累積的一種資源，所以是原料；但它同時也可以是戰術，你可以假裝你有時間。

退路也是累積的，就是你要花心思去找退路，但同時你也可以假裝有退路。

喜歡就是要等人家喜歡你，當中沒有戰術的問題。

虛張聲勢和耍無賴就是純戰術了，不必靠累積。

耍無賴就是擺出姿態：要錢沒有，要命一條嘛！我們常說：穿皮鞋的怕穿草鞋的，穿草鞋的怕打赤腳的。我打赤腳的，豁出去了，你家大業大，可別跟我一般見識，你玩不過我的。

怎麼用你的籌碼？

所以談判學首先就要有籌碼，有了籌碼之後就要學怎麼用。

如果今天遇到一種狀況，就是我有一、三、五、七項的權力，他有二、四、六、八、九項，到底誰贏呢？那就要看時機了。

在這個時間點上，有些權力的重要性增加，有些權力的重要性降低。

在談判上強者不恆強，弱者不恆弱，權力關係是不斷在變動的。

比方說，兩車對峙、狹路相逢，我開的是順向單行道，我在法理上站得住腳；但我只有一個人，對方有四、五個彪形大漢，戴墨鏡外加刺青，那誰贏呢？

可別太早下結論，因為還得看這時候是白天，還是晚上？有沒有交通警察？有沒有別的車子？

如果是白天我在順向的單行道上，又有警察，我站在理上，他後面雖然一輛又一輛駛來，我後面也是一輛又一輛駛來，但站在理上，我們這一票就往前衝了。你逆向行駛，你只好乖乖閃人。

如果是三更半夜，他四個彪形大漢，戴墨鏡又有刺青，我打不過他，只好換我乖乖閃人。所以談判的權力因為時機的不同，而會有所消長。

權力是個流體，像水一樣會從你的手掌心流過去，你今天在高位，很有權力，但如果你不用一個容器把它裝起來，權力是會流掉的。

所以在談判上強者不恆強，弱者不恆弱，權力關係是不斷在變動的。

13 你不是被攻擊者，你是分析者

人都是有情緒的，談判的第一步，就是永遠把對方的情緒當作假的。生氣不一定要拍桌子瞪眼，你可以很冷靜、很精確地告訴對方你的情緒，理性和情緒之間是存在著平衡點的。

把對方的情緒當作假的

在談說服之前，必須先談說服的前置工作，也就是情緒安撫。

談判是為了解決問題，所以在解決問題之前，必須先控制情緒，暫且不論誰對誰錯，先穩住場面再說，千萬不要讓情緒問題干擾了談判的思考。光談說服是不夠的。

不要把自己當作一個被攻擊的人，要把自己作成一個分析者。

假設你在客服部門，經常和顧客的情緒面對面，你該怎麼面對呢？怎麼說呢？

首先要知道人都是有情緒的，因此第一個方法是永遠把對方的情緒當作假的。

顧客永遠是對的，客服部卻最常遇到客人氣沖沖地進來罵人，他的情緒是萬箭齊發，如果你每句話都當真，不就萬箭穿心而死嗎？

所以，你必須先從火線上抽離出來，想想他為什麼會這樣？今天他為什麼會發這麼大的脾氣？是什麼原因使他發這麼大的脾氣？

你不要把自己當作一個被攻擊的人，要把自己作成一個分析者，分析他為什麼會這樣，那你就會比較冷靜。

轉換談判立足點

讓自己冷靜下來後，你就比較能分享他的感受，這就進入第二步：要有同理心，與顧客說同樣的語言。

第三個基本動作則是退場，如果一直吵下去，兩方就卡在桌上下不了場。

這時候，最好要找一個代罪羔羊或共同敵人出來罵。

比方說：「世風日下，人心不古」罵誰呢？罵的是社會風氣。

本來我們是面對面的，因為設定了一個共同敵人，就變成同陣營。

或者說：「現在知識份子都沒風骨沒脊樑！」罵誰呢？我也沒說罵誰，你可別對號入座。

或者說：「現在草莓族工作能力太差等等。」罵誰呢？你也許是年輕人，但不是「草莓族」。

通常找一個第三者出來罵，可以讓情緒消下去，找個共同敵人來罵效果最佳，可以把彼此拉在同一邊，然後大家再來想下一步怎麼做。

這招叫轉換談判立足點，本來我們是面對面的，因為設定了一個共同敵人，對立的雙方變成同陣營，也因為有了可以罵的對象，氣就可以發洩出來。

生氣也可以很冷靜

等情緒的問題解決了，接下來，你也要很冷靜地告訴對方你的情緒，例如你可以說：

「王先生，要不是我們很熟的話，你剛才講這番話，一定讓我非常生氣。」

生氣不一定要拍桌子瞪眼，你可以很冷靜、很精確地告訴對方你的情緒，理性和情緒之間是存在著平衡點的。

接著就進入主場戲了——說服。

要很冷靜、很精確地告訴對方你的情緒，理性和情緒之間是存在著平衡點的。

說服就是說動他按照我們的方向前進，或是他要往我這邊走，我把他擋回去。

人為什麼會被說服，通常有六個心理因素：

一、因為我欠你一份情

因為過去你讓過我，或給我過什麼好處，所以我就得回報你。

在談判時，有時候先讓一小步，不要求他回報，先存在那兒。

因為是小恩小惠，所以也不知如何回報，不妨先套個交情，擱在那兒，以後等累積大了，欠的東西多了，再要回來。

如果讓的是大的，那等於是讓出個籌碼，當然要他回報，等於是交換條件，我讓你，你讓我。

欠人情這種方法，在外交和在人際上都很常見。而且常會成為被說服的關鍵，因為覺得欠人家一份人情。

二、始終如一

這也是一次又一次慢慢累積出來的。

就像追女朋友一樣，一次又一次的邀請，喝咖啡、吃飯、看電影，讓她很習慣

欠人情這種方法，常會成為被說服的關鍵。

讓對方很習慣在一起，就會越陷越深。

在一起，覺得跟你在一起很愉快，慢慢的，她就會越陷越深。

這種戰術也叫做「得寸進尺法」。

三、大家都這樣

在日常生活上，這種心理也屢見不鮮。

所以在餐廳裏，往往大家點的菜都一樣，如果你是餐廳的經理，最好不要建議人家點什麼菜，而是要告訴他，大多數的人都點什麼菜。

有些餐廳乾脆在菜單上，註明大家最常點的菜，這樣能加快點菜的速度。

在談判時這也是一種手法，告訴對方大家都這樣，卻又將決定權保留給對方，因為人都希望事情是在他的控制之下。

所以你要讓人家以為，那是他自己的意思，而不是你的意思。是人家在掌控，不是你在掌控。

四、愛屋及烏

在談判的時候，為了說服一個人，你可能會事先了解他有什麼喜好。

例如他喜歡打高爾夫球，那你也想辦法去打高爾夫球，然後再跟他接觸，營造

告訴對方大家都這樣，但是又將決定權保留給對方。

讓對方喜歡你，你才有可能影響他的意見。

雙方的共同點。

讓對方喜歡你，你才有可能影響他的意見。

五、訴諸權威

雖然台灣現在是沒有大師的時代，但是有個權威還是有用的。

我們喜歡講，誰誰誰曾經說過什麼，例如「愛因斯坦說……」，或美國哪一位大師曾經說過什麼。

中國人有時候還是很崇洋媚外的，同一種理論用中文寫的跟用英文寫的感覺不一樣，似乎外國的月亮還是比較圓。

其實外國人也是一樣，只是訴諸不同的權威，學術權威、政治權威等等，不同國家的人喜歡訴諸不同的權威。

引經據典總是有效，因為大多數的人還是有「因為某某人說過，所以我相信」的心理。

六、物以稀為貴

這招用在賣東西時，特別行得通。

大多數的人還是有「因為某某人說過，所以我相信」的心理。

這就是老子說過的「將欲取之，必先予之」的道理。

像賣衣服時，把漂亮的那件穿在模特兒身上，客人看半天，就是要訂了模特兒身上那件。

這時店員假裝執意不肯，堅持要把最後一件留在模特兒身上，僵持到最後只好找經理來，但經理也不肯，但顧客無論如何也要買，經理最後只好說：

「要賣可以，但價錢就不能再減了，八百塊不能減了！」

經理一進去，店員接著說：「好了，經理都說了八百塊不能再減了！」

顧客一聽，心想：

「賺到了！最後一件落在我手上，趕緊買下來。」

就這樣八百塊乾乾脆脆地就付了。

等這顧客一走，經理出來，跟店員又拿出同一件衣服往模特兒身上套，繼續再玩一次。

店員故意不賣，顧客總以為物以稀為貴，偏要買不可。這就是老子說的「將欲取之，必先予之」的道理。

如果抓住這幾個心理，再配合上大環境，人就更容易被說服了。

例如人在某種氣氛或情境下比較容易做某些事，像求婚，營造個羅曼蒂克的環境，像是海邊、湖邊、月光下，這樣才容易成功。

就像賣保險，當人面臨生死或前途茫茫的情境時，保險最容易談成。

談判的造勢

有一些談判學者曾經這麼說：「談判的本質就是權力遊戲。」這話雖然有點驚悚，但卻是所言不虛。談判本來講的就是「勢」，不是「法」。因此如何「造勢」就成了談判的一項重要工作。

一次在一家外商公司上課，下課後一位小姐問我一個問題。她說她到歐洲去玩，結果一家航空公司把她的簽證弄錯了，讓她在法國多待了兩天，後來她買了別家公司的機票，繞道另一個國家才回到台灣。回國後，她越想越氣，想要跟這家公司理論，至少要他們賠償她滯留在法國那兩天的食宿費用才行。她問我：

「可是，我把你教的談判技巧想過一遍，發現我根本沒有牌在手上，怎麼辦？」

她面露無奈：「我也不曉得要跟誰結盟，不曉得要拿什麼議題去掛勾，也不曉得要怎麼引爆衝突……」

我告訴她：「妳完全把問題想錯方向了。」

造勢的前題是A大B小，如果B本身就大，根本不必去造勢。

我在談判課上常說，A大B小時，如果A不是特別喜歡B，或是想拿B當餌去吸引C來談，或是礙於議事規則，非得跟B談不可的話，通常A都不會認真跟B進行談判。

所以B身為弱勢的一方一定要造勢，也就是用結盟、議題掛勾、引爆衝突等技巧，創造出逼A談判的條件。

但這麼做的前題是A大B小，如果B本身就大，根本不必去造勢。所以，我告訴這位小姐：

「法律站在妳這邊，妳不是弱勢的一方，理直氣壯地去跟他們要求賠償就好啦，擔什麼心呢？」

造勢也要配合時機

談判也就是如此，思慮周延固然重要，但一開始就把自己想成弱方也大可不必，氣勢要先旺，這樣才衝得出去！

孫子兵法曾云：「激水之疾至於漂石者，勢也；鷙鳥之疾至於毀折者，節也。」石頭比水重，但是為什麼會漂在水上面呢？因為水是由高就下，水勢湍急，抓住那個勢，水都可以把比它重的石頭漂起來。

只知how，不知when，結果可能事倍功半，甚至惹火上身。

又所謂就像大鳥抓小鳥一樣，他從高空展翅俯衝下來一把抓住小鳥，也是抓住一個時機或情勢。

所以談判講的是「勢」，順勢、用勢、造勢。所以在談判上一旦抓到勢，就要順勢、用勢，也就是抓住時代脈動，把握時機，甚至必要時要「造勢」。

至於勢該怎麼抓呢？

最直接的方法就是蒐集情報，抓到勢，才知道自己在談判上有什麼籌碼。

如果無勢可用，我們就創造一個出來！像議題掛勾、結盟、罷工、示威等，都是一種造勢。

但要注意的是，造勢也要配合時機，看整個大局面，像利用罷工造勢，之前一定要看好民意走向，選擇適當的罷工時機，否則光曉得要透過罷工去造勢（只知how），不知什麼時候引爆（不知when），結果可能事倍功半，甚至惹火上身。

談判的造景

造景和造勢有相同，亦有不同之處。

造景就是要考慮其背景，背景考慮到了，將更有說服力。

以前雷根和戈巴契夫在日內瓦舉行高峰會時，雷根這一方刻意造景，找了一個

製造一個壓力，讓強硬的一方能願意認真地談和解。

大房子，裏面有熊熊的火，房子外面有白色的雪。

當雷根和戈巴契夫兩人站在壁爐前，窗外雖有冷冰冰的雪，但面前就是熊熊的火，感覺兩國的冷戰就從那日開始融化，美蘇似乎開始和解了。

這樣的造景的確含意深遠，令國際十分期待，一有期待就產生壓力，這壓力主要是在戈巴契夫的肩膀上。

不管是玩真的還是玩假的，但至少製造一個壓力，讓強硬的一方願意認真地談和解。

營造氣勢

還有一個例子是發生在勞資談判時，資方找來專業公關公司在佈置場地時刻意設計動線。

這些動線包括：記者從哪裏進來，鏡頭可能拍哪邊，標語該放哪裏，以便隔天上報。

資方花大錢來造景，是想利用這種造景營造某種氣勢，造成對自己有利的氣氛。

以前保險公司特別喜歡到醫院裏去賣保險，也就是人距離生死之門最近的地

造景可以增加我們的氣勢，以及說服的力度。

方，在這裏人最容易買保險，出了醫院又是好漢一條就不買保險了，所以這也是考慮到場景的部份。

所以造景可以增加我們的氣勢，以及說服的力度，所以場景與談判的權力和氣勢，都是環環相扣的。

場地與座位安排

談判場地座位的安排，也是談判實質結構的一部份。怎麼安排座位才能化敵為友，又怎麼排才能不失尊嚴，都值得細細推敲。

基本上，一般的談判如果是正式的，自有一定的擺法，什麼身份地位的人，該坐什麼位置，不能失掉禮數。

但如果是非正式的談判，則最好不要面對面坐。學者指出，面對面坐，容易使人感到對方眼睛的壓力，因此最好排排坐，或是坐在桌子的鄰邊，這樣在閱讀文件資料的時候比較方便。

如果是圓桌，兩個人可以隔鄰而坐，但中間最好空一個座位，免得轉頭交談時距離太近。

在辦公室裏，老闆最好不要叫員工坐在辦公桌前的椅子上和他談判，而應該坐

面對面坐，容易使人感到對方眼睛的壓力。最好排排坐，或是坐在桌子的鄰邊。

在辦公桌旁的小沙發上談判，這樣的氣氛才容易溝通。

可是如果外在情勢使然，我們非得面對面談判怎麼辦？那就得看著辦了，談得好則已，談不好就得設法換場地了。怎麼換？

像換到餐廳，先吃個飯再說就是一個方法，這麼一換，位置就變了，對方可能就不再跟我們面對面，而是坐在隔鄰了。

藉由轉換場地，而換座次，接著改變心理狀況，這是在談判時可以靈活運用的戰術。

讓人放鬆的圓桌談判

如果對方的代表不只一個，比如說有五個人，這時又該怎麼安排座位？

在這種情況下可能只有面對面坐了，因為對方五個人可能有各自的分工，有的作記錄，有的作翻譯，有的提供資訊，因此很難把他們拆間。

可是不拆歸不拆，還是可以設法從外在環境和佈置著手，設法「軟化」因面對面坐而產生的對抗心理。

比如說桌子的形狀，不一定要使用方桌，可以使用圓桌，不是圓的飯桌，而是中間鏤空的環形會議桌。

比起圍著有稜有角的方桌或長方桌談判，圓桌談判的氣氛要緩和得多

談判學者發現，雙方代表圍著圓桌談判，比圍著有稜有角的方桌或長方桌談判，氣氛要緩和得多，心情也比較放鬆，不會有太大的拘束力。

當然，如果會議室的色調也能講究一下，不要黑白分明，牆上少放那種欠缺人性的條形或曲線圖，那對大家的心情放鬆，都有相當的幫助。

如果這些全都做不到，至少桌上應設法擺一些茶點。茶點，也可以暫時放鬆緊張心情，然後雙方才能在平和的氣氛下，開始正式的談判。

Part 4

策略是推還是擋？態度是軟還是硬？
怎樣提出依據、訴求與主張？怎樣開會？怎樣爭論？
這都是談判「雙贏」的要件。

雙贏——談判的最高境界

14

該推還是該擋？該軟還是該硬？

也許他們最後還是可能雙贏，但是在達成雙贏的過程中，卻充滿了不信任。這也是談判的現實。因為是不信任，所以談判的過程中，多少也需要一些謀略或鬥智。

誰先把左手食指拔出來？

談判應該不是打仗，它只是一個「共同的決策過程」。因為面對眼前的僵局，我沒辦法單獨解決，你也沒辦法單獨解決，所以我們坐下來共同解決。這樣的決策過程，比菜市場上兩造之間的「討價還價」（bargaining）複雜，而且常會涉及多邊的利益交換。

在金錢上不是「雙贏」，也不是「均分」，但至少不是「一方全贏，一方全輸」的慘烈局面。

但也因為談判是個共同決策過程，所以它的結果是可以雙贏的，但雙方贏的東西也許不一樣。比如你在我家附近開個超商，為了招攬顧客，在開幕的第一個月內，就把價錢訂得很便宜。我來買，買到了物美價廉的商品，你則賺到了我的好感與信任。

雖然你我在金錢上不是「雙贏」，也可能不是「均分」，但至少不是「一方全贏，一方全輸」的慘烈局面。

雖然我也看過有人用「鬥劍」或「開槍對決」，描繪談判過程的慘烈。以前我也看過西方報紙上一個談判漫畫：兩個人都右手拿槍指著對方，但左手的食指卻又都插在對方槍管裡。意思是誰先把左手食指拔出來（尋求和平），誰就可能被對方攻擊。

也許他們最後還是可能雙贏，但是在達成雙贏的過程中，卻充滿了不信任。這也是談判的現實。因為是不信任，所以在談判的過程中，多少也需要一些謀略或鬥智。

運用參考座標

談判中有時我們會製造一些參考座標。

談判時尋找參考座標，就是為了說服對方。

好比在同一條街上，兩家生活用品店都賣牙刷，一家賣十元，另一個賣十五元，大家都會去買十元的，不會去買十五元的。但為什麼有人這麼笨，要開在十元店的旁邊？

事實上，這兩家有可能是同一個老闆，十五元那一家正是他製造出來的「參考座標」。

在談判時，我們會把參考座標放在我們的信息裏，例如我們說：「王先生，你願意花十五萬買那唐三彩的馬，為什麼不願意花十萬買這宋朝的杯子呢？」

這時唐三彩的馬，就是參考座標。

或者說：「如果我是你的話，我願意花所有的錢來買這個杯子！」

這時的「如果我是你」，就是參考座標。

有時候參考座標是一項法律規定，例如勞基法。參考座標也可能是一項先例。例如遇到勞資糾紛，別家公司都是如此這般解決的，所以我們公司也要比照慣例。

所以談判時尋找參考座標，就是為了說服對方。

委託人談判

如果說服的對象不是當事人，而是委託人，情況就比較尷尬一點。

有時候我們是奉命去買東西，東西不是我們自己需要的，而是老闆委託我們去買的，我們就成了「委託人」。委託人出面去談判，立場比較尷尬。

假設我只被授權買五百元的東西，可是到了現場一看，要價五百二十元，東西雖然不錯，但礙於無權決定，生怕買回去，主人不滿意，自己還得倒貼二十元。

但也有一種可能就是，我發現價錢超出預算，於是我鼻子摸摸回去了，卻被老闆責怪，問道只差二十元為什麼不買？

對賣東西的人來說，必須搞清楚，來買東西的人是當事人，還是委託人。如果委託人未獲得足夠的授權，談判可能流於僵化，因為他是奉旨行事，談不談得成都無所謂，因為事不關己，只要回去報告交差就好了。

問題就出在，老闆雖然心想縱使輸了也要談成，卻不會將這想法告訴伙計，因為一旦伙計知道輸也可以，就容易漫不經心，所以老闆一定告訴伙計要贏，但贏反而可能沒談成。

然而如果委託人的立意和授權人的立意一致，不只授權人想贏，委託人也想

賣方在談判前，必須揣摩授權人和委託人的立意是否一致。

贏，以便回去交差，那麼情況又有所不同。

所以賣方必須揣摩授權人和委託人的立意是否一致，必要時衡量是否將後面那個人引出來，索性和後面的人談，反而直接。

委託人與授權人

此外，委託人出去談判還牽涉到與授權人之間的信任問題。

如果我是伙計或代理商，我能否信得過主子，他會不會朝令夕改？例如他命令我出去談，隔天一看情勢不對，一口否認曾經給我這樣的指示時，我該怎麼辦？

再者，如果主子不只一人，而是兩個部門時，我的談判結果和兩者都相關，萬一兩者的立場不一致時，又該怎麼辦？

如果你是背後的授權人，你是否能信得過伙計，他出去是否會忠於你的意思，他會不會按照自己的意思辦事？

這些不同的狀況，也都會直接影響談判的結果。

委託人與授權人的微妙關係，都會直接影響談判的結果。

牛肉在哪裏？

要成功說服的第一條件，就是要有吸引對方之處，也就是「牛肉在哪裏？」劉伯溫講過，餵不同的寵物，要餵牠們不同的東西，寵物都如此了，更何況是人？

所以針對不同的人，要給不同的東西，跟老人家和年輕人談的訴求必定有所不同。牛肉在哪裏，你必須能講得出來，到底你的東西好在哪裏。

我有一次去買鞋，試穿覺得不錯，付帳時才知道一萬多塊錢，正猶豫間，我向一位店員問說：「這鞋子到底好在哪裏，要花上萬元的錢？」

那位店員居然告訴我：「你買回去穿就知道了。」

我心想：「我花了一萬多元買鞋，還得回家自己做功課？」心裏當然不好受。

這時另一位店員看情勢不對，趕忙過來為我說明：

「這個鞋子是半手工，經防霉軟化等等一些處理，才有這個價值……」

聽完我才覺得能夠接受。所以要說服人，你一定要能說出東西好在哪裏。

要說服人，你一定要能說出東西好在哪裏。

提案時講重點

在公司會議上提案也是如此，上桌之後你要講重點，要把牛肉端出來，然後把結論留給聽的人，而不會自己下評論。

聽眾沒有表達意見的空間，反而容易產反彈，他心想：「你都下結論了，我能不同意嗎？」這時他會有被強迫餵食的感覺，好像你餵我吃，我非得嚥下去不可。

所以，切記重點出現的時機，不是在頭就是在尾，不要後面又包夾一點、補充一點等等。

如果重點被包住就看不見了，衝擊力也會被稀釋淡化。

創造一點不確定性

你所傳達的信息要讓人家害怕，人因為害怕就會往前走，不害怕就可能停駐在原地。

有些人認為說服只是不斷的吸引對方就夠了，但要知道，吸引只是逗引驢子前面的那根胡蘿蔔而已，後面得要有根鞭子驅策驢子，所以鞭子在談判裏也是很重要

重點出現的時機，不是在頭就是在尾，不要後面又包夾一點、補充一點等等。

吸引只是逗引驢子前面的那根胡蘿蔔而已，後面得要有根鞭子。

的。

問題是，怎麼讓人害怕呢？大多數人怕什麼呢？

其實人都怕不確定性，所以你如何創造一點不確定性，就成了致勝的關鍵，而且有時候就算人家知道你在玩這把戲，還是有效。

舉個例子，跟仲介去看完房子之後，你跟仲介說我回去和先生或太太商量一下，仲介大概十個有十個會說：

「你回去商量一下沒關係，但還有個張太太、王太太、李太太也說要回去商量一下，你明天早上十點以前給我回話，如果十點以前回覆，房子就可以保留給你，過了十點，恐怕沒把握囉！」

這是仲介的標準話數，他在創造一個不確定因素。

雖然你也知道仲介一定會這樣講，但你如果真的很想要這房子，你敢賭絕對沒有張太太、王太太、李太太嗎？

愈想買愈不敢賭！這就是抓住人們害怕「萬一」的心理，萬一這次真的錯了，我輸不起！萬一房子沒了怎麼辦？萬一真的有張太太、王太太、李太太呢？

其實就正常狀況來講，仲介告訴你明天早上十點以前，有張太太、王太太、李太太會打電話來。就算真的好了，仲介聽了價錢之後，理當會打電話給客戶。

因為他要協調價錢，他一定會打給你，告訴你人家出多少錢，而你能出多少錢呢？不可能張太太、王太太、李太太報了價之後，他就不理你了，所以他還是會打給你的。

但，問題就出在做客戶的不放心，所以才會乖乖地在隔天十點以前，打電話給仲介。

對客戶而言，因為害怕「萬一」，所以主動打電話，會不會就失去談判的籌碼，無法跟仲介談了呢？

我認為這是一半一半，你如果真的在十點以前打給仲介，是傳達一個訊息，表示「我真的想買」：但是你仍然可以說：「我想買，『但是』要有什麼什麼條件，或者如果仲介做到什麼什麼，我可以出到什麼價錢。」

記得，談判永遠是按條件去出牌。

適當時機講個笑話

訊息就是你的重點在哪裏，載體就好像網路、電視、收音機等等。

但你的「船」除了載重點之外，還可以載什麼？

我建議第二個載害怕，第三個載笑話。

談判過程卡住了，可以「抖個包袱」（講個笑話），看看對方的反應。

笑話可以適時緩和談判的氣氛，如果談判過程卡住了，你就可以「抖個包袱」（講個笑話）出來，看看對方的反應。

如果對方能笑一笑很好，我們下回就繼續丟；如果沒反應，就忍一下子，等會兒再看情況丟一個笑話；再沒反應，那就收了，別再講下去。

因為總有些人是聽不慣笑話的，或者有人不喜歡你的風格，也有可能是人家不清楚你的底細，不知你葫蘆裏什麼藥，明明很嚴重，為什麼你還故做輕鬆狀。

所以談判中講笑話不必刻意，中國有句成語說：「羚羊掛角，不著痕跡。」你在很適當的時機講一個笑話，緩和一下氣氛，大家笑一笑，那很好，但適可而止，千萬不要講了個不討喜的笑話，適得其反。

沒協議時的收尾

在你的信息裏，要準備一些對方可以同意的事項，談判才能具體。萬一沒有達成協議，至少也可以這麼收尾：

「王先生，今天雖然沒辦法達成共識，但是經過下午的溝通，我們對彼此的立場就更清楚了。我相信只要再給我們一點時間，一定可以找到一個大家都能接受的方案，我們下禮拜三下午兩點再談，怎麼樣？」

談判是要帶著協議下桌的，讓他答應個小的，以後才有機會再談。

這個其實也是協議的一種，你一定要想個辦法讓對方覺得，談判有進展，他才會被鼓勵著往前走。

談判是要帶著協議下桌的，讓他答應個小的，以後才有機會再談。不妨先來個小的「好」，例如「禮拜三下午二點再談」。以後才會有大的「好」，例如共同的價值觀。然後更大的，例如共同的遠景。

一點一滴，對方一路陷進來，這也是「得寸進尺」的一種招數。所以攻方有點像鯨吞蠶食，一步步往前攻。

以上說服的心理和說服的技巧，都是談判不可或缺的基礎，先打好根基，在談判桌上才能處變不驚。

遇到內部不合時

談判時若內部不合，有可能也會影響談判結果。

有時我們以為已經達成協議，後來對方回去後卻突然反悔，談判時明明讓了步，回去後卻又翻臉不認帳了。

後來發現很多時候是因為內部不合，談判者在談判時，根本沒有把握談成後回去可以說服內部，或者回去後只擺平了一個部門，而無法使所有的部門達成一致的

談判代表不敢作承諾，或者達成協議後又反悔，常因內部不合。

協議。

例如A部門說：「你出去談判怎麼沒有把我的要求加進去？」

B部門也抱怨：「你沒有照顧到我的利益！」

於是造成談判代表不敢作承諾，或者達成協議後又反悔的情況。

讓鷹派先一些好處

另外，還有一種可能是，談判代表出去前必須努力思索：內部的強硬派和溫和派兩派的交會點在哪裡？有否重疊的立場？若能兼顧兩者，就有更寬廣的迴旋空間。

有些談判者會先處理小的議題，以滿足公司內部的強勢者，讓他們先得到一些好處後，能夠在其它議題上做出讓步。

這種做法有時會成功，有時卻不盡然，因為鷹派既然得了好處，他可能心想：「我何必讓步？不如繼續強硬，以便得到更多好處。」

所以面對這種可能性，談判者必須先有心理預備。

「讓步」這種做法有時會成功，有時也不盡然。

軟和硬之間的困境

有很多朋友問我：「談判時到底該硬還是還軟？」太強硬了，怕把人家嚇跑了；太軟弱了，又怕要不到我們所要的東西。這個困境其實跟談判的本質有關。

談判的目的是什麼？是「達成對我最有利的協議」。我在其他的談判書裏也寫過：

「你把這句話念兩遍，有沒有發現中間的矛盾？有吧？」

談判的目的，是要達成協議，兩個人以上所做的決定才叫協議。但為什麼要兩個人以上？因為單靠我們自己一人的力量，根本解決不了問題。如果靠我們自己的力量就能解決，我們就不談判了，對不對？

因為要協議，所以我們就不能太兇，若太兇，對方拂袖而去，我們就沒協議了。可是我們又希望協議是對我們最有利的，所以又要有一定程度的強硬，不然就變成對人家有利，而不是對我最有利了。

又要軟，又要硬，這就是談判上所說的「軟和硬之間的困境」（soft-tough

因為要協議，所以我們不能太兇，可是我們又希望協議是對我們最有利的。

dilemma）。

推與擋的過程

其實，談判桌上充滿了試探的動作，所以要互相推推看，看看他擋不擋我，或者對方往前推進一步，我就擋擋看，然後決定下一步該怎麼做。

談判如果是遇對方的立場摻水，我們就一定要推推看，看看哪些是實的，哪些是虛的。

如果我們一推，對方沒有阻擋，那就表示對方可能沒想到這個問題，或者不認為這個問題對他很重要，所以我們就繼續推下去啦。

同樣地，人家也可能一開始就提出一個很嚴苛的要求，來測試我們的反應。

所以，我經常提醒談判課的學生，對方的嚴苛要求經常只是「開價」，後面還有很多的可能性。因此，我們要擋擋看，看看對方是真要，還是假要。

記得，對於對方的壓力，不是要用看的或聽的，而是要用感覺的。一定要經過一段推與擋的過程，我們才分得出雙方力量的大小，也才能對雙方的權力關係，也就是誰有求於誰，有一個共同認知。

這個認知，就是所有談判的基礎。

對於對方的壓力，不是要用看的或聽的，而是要用感覺的。

15 一個大要求，包含幾個小要求

你拒絕我這個，沒有關係，我換另一個；你再拒絕我，我再換一個。於是我不斷縮小要求，以示誠意。為了「不破局」，方法其實很多。

協議前協議

前面曾談的是如何「破局」，但這回從反方向來談，也就是如何「不破局」。

要不破局，第一種做法是「協議前協議」，就是談判前先把醜話說在前頭，先小人後君子，讓對方知道最壞就這樣，不會比這更壞。

比方說我跟你簽了一個約，約的到期日是一月三十一日，我們可能在前一年

新的約沒有談成，那麼舊的約是不是可以延長一段時間。

十二月一日，就開始談第二年續約的問題。

可是時間改變，許多狀況也改變了，可能你的要求增加了，我的要求也增加了，所以續約變得棘手難談。

為了維持住雙方友好的關係，所以雙方決定在談之前，先達成一個協議，就是如果在一月三十一日契約到期的時候，新的約沒有談成，那麼舊的約是不是可以延長一段時間，例如半年或三個月，以免我們的關係斷掉。

這延長的約，就叫做「協議前協議」。

最壞就到這裏為止

「協議前協議」最大的好處是：

我們認為新的約會比舊的約好，舊的約又比沒有約好。在這種情況下，我們就把最壞、最壞的情況商量進去。

這種戰術在談判上叫做「止滑點」。

談判的時候會滑，比如說你讓步了，你就好像從山坡上順勢滑下來，有一就有二，有二就有三，你可能讓了一步之後，就一路滑下去。

所以你需要設定一個止滑點，最壞就到這裏為止。

我們認為新的約會比舊的約好，舊的約又比沒有約好。

又比方說你跟一個辦公室女生，既是工作伙伴，又是感情伴侶，偏偏老闆反對辦公室戀情，你們也心知肚明，於是男生就跟女生講：

「就算我們將來分手，最壞最壞我們這個工作還是要把它做好。」

兩人事先取得共識，就算男女朋友做不成，至少還是工作伙伴。

脫鉤〈de-link〉

為了避免不破，還有一個方法，在理論上叫做要求的脫鉤，要求怎麼脫鉤？比方說你今天約一個女生出去：

「天氣不錯，明天下午我們到河邊野餐如何？」

這個要求是同時有幾個東西掛在一起的：明天、下午、河邊、野餐。如果那女生討厭你，一口回答了：

「我才懶得跟你出去呢！」

那你只有鼻子摸摸，自討沒趣。但如果她並不討厭你，也許出於少女的矜持，也許是對你的某部份要求有顧慮，你身為男生，如果敏銳一點，就可以將你的要求脫鉤試試看，你可以說：

「妳告訴我妳反對什麼？是妳不喜歡去野餐？那沒關係，那我們可以去一家很

將要求脫鉤，分開處理，每一個要求都可以換牌。

棒的法國餐廳吃飯如何？」

或者也可以說：「妳可以野餐，但不一定去河邊，河邊冷啊！那我們可以到公園裏，或者我們到山邊怎麼樣？」

再不然就說：「妳不喜歡下午？那沒關係，就晚上嘛，下午妳或許還有事要忙。或者我們趁傍晚太陽還沒下山，去看看夕陽。」

別忘了你的目的不是去野餐，而是約會呀！所以就別管是野餐，還是下午了。

你將要求脫鉤，分開處理，每一個要求都可以換牌，它本來就是個組合。

這種戰術還可以用在勞資談判，或者弱者跟強者的談判，先提出稍微大一點的要求，裏面包含幾個小要求，你拒絕我這個，沒有關係，我換另一個；你再拒絕我，我再換一個。於是我不斷縮小要求，以示誠意。

其實我要的，正是最後那個小要求，這和脫鉤有點類似，目的同樣是避免談判破局。

給人留點餘地

如果你不想談破，你要讓對方回家，而且他要敢回家，這在孫子兵法裏叫做「圍師必闕」。

「保證不會怎麼樣」，就是他若順從我，就放他一條生路。

一個城有四個城門，你圍他三個城門，但是要留一個門不要圍，因為你全部都圍死了，他在裏面做困獸之鬥，會生必死的決心。

孫子認為不留出口反而不好對付，放一個門讓他可以逃出去，他就不會有必死之心，而這時候反而可以在外面把他攔截，加以摧毀。

孫子後來也說，我如果是被圍部隊的統帥，發現敵軍故意開扇門給我，這時就要「塞其闕」，警告自己的部隊別出去，因為外頭豺狼虎豹四伏，所以堵住出口，才能一起在裏頭死守，這在談判上稱為「置死地而後生」。

所以你在必要的時候要讓你的戰友知道，你們是處在何等危險的位置，大家一起死守，同仇敵愾，才能置死地而後生。

所以有時候情勢不見得如所誇張的一般危急，而是領導人故意「塞其闕」。

我的說法與孫子略有不同，孫子說放人出去時，最終還是要在外頭將他殲滅，談判上則趨緩和，放人出去就是放了，但跟對方強調：

「你不聽我的，或你若不遵從協議，你就會怎麼樣怎麼樣；可是你如果聽我的，我保證你不至於受到這種懲罰。」

「保證不會怎麼樣」，就是他若順從我，就放他一條生路，保證不會受到嚴重的懲罰。順從了就不會受到懲罰，否則誰願意順從呢？

多年前美國曾經為了智慧財產權，對台灣祭出三〇一條款，當時我方政府就趕緊修法，有人問美國，如果台灣修了法，美國還會不會制裁台灣呢？美國的回答是：「不一定！」他不保證不制裁。

我方政府官員得知了就說，如果修了法後仍遭美方制裁，那他們將不惜下台以向國人謝罪。

當時我在報上針對這個事件寫了一篇文章，我很不客氣地批評美方的不是，你逼著我們去修法，保護智慧財產權，可是你同時也要放我們一條路啊！這就叫做「圍師必闕」的智慧，總不能來個趕盡殺絕呀！不給人留餘地，有時已超出談判技巧的範圍，而是談判的素養問題了。

讓他回去有個交代

談判時，放給對方一點，你損失了什麼？

你當然損失了裏子。但當你不想損失裏子，堅持不讓步時，對方可能就損失面子。當對方顏面盡失時，可能就預備豁出去了，他就這樣回去了沒面子，成了賣國賊，不如在這兒拼死一搏，還能入個忠烈祠，留名青史。

又或者，他想與其回去挨長官一刀，不如在這兒跟你拼了也是一刀。

在最後關頭，你可以拉高要求，然後自己放下來一點。

如果你想要兼顧你的裏子和他的面子時，又該怎麼辦？談判裏有一招，就是在最後關頭，你可以拉高要求，然後自己放下來一點，跟他講：

「都是你太強硬，逼著我讓步。」

這樣一來，讓他回去也可以有個交代。

如果你怕一旦讓步，此例一開，後患無窮，你就必須聲明，他不是造成先例，而是特例。

反過來說，當人家留一條路給你回去時，你就不要再窮追猛打了，不要在對方讓步之後，還來一記回馬槍，不斷要求。

預留第三者介入空間

另一種情形是同樣是留一扇門，但卻是要讓調停者進來的。

例如勞資談判，不想破就找政府介入調解。或是商業談判，找商業調解委員會等等，讓第三者介入以保談判不破局。

因為不希望談判破裂，所以找來第三者，表示你很在乎兩者之間的關係，但有時情況卻不是那麼單純。

比方說兩人吵架，誰先去找第三者，好像誰就比較理虧，另一方就變得很強

在合約上擬定，如果發生衝突或僵局時，第三者可以自動介入。

勢，予取予求。

另一種情況卻剛好相反，誰找來第三者，誰就強勢；或者找第三者來是為了證明自己是對的。

所以找第三者變成有兩層涵義，一是表示你有彈性，另一則是表示更沒彈性。談判時誰先找第三者，就表示該方可以妥協嗎？

如果你不想造成對方認為你可以妥協的錯覺，最好不要由你去找第三者；可以在合約上擬定，如果發生衝突或僵局時，第三者可以自動介入。

讓調停者進來的好處是，為讓步的人保住面子，調停者的存在，讓想妥協的人可以名正言順地跟抬轎子的人說：

「唉，我本來不讓步的，要不是看在張三的份上，我才不讓步！」

然後你就可以下轎了。

所以這裏有個竅門，就是你找的這個張三，必須面子要夠大，最好是個大老、專業學者或大官之類的。

調停者的第二個好處是，他可以規範衝突的規模，讓衝突不致於失控，也可以替讓步的一方「止滑」，要求另一方給一點回饋。

第三，調停者可以想新點子，刺激思考，使談判可以繼續。

期限的彈性

設定期限的目的是要對方態度認真，而不是不把談判當一回事。

但期限的設定必須合理，比方說人家明明要五天才能完成，你卻限人家三天完成，原來是要使談判不破的，卻適得其反，因為人家無法在期限內完成，只好破局。

再來，保持期限的彈性，使期限可以延長，期限延長的方法有幾種。

例如國會審查預算，但是預算在最後一天的午夜十二點以前，還沒全部通過，那就只好暫停時鐘，直到所有案子審查完畢，再讓時鐘走下去。

或者玩黑白臉法，聲稱是老闆那邊多放時間給對方的。

再者，找一個藉口，讓期限得以合理延長，例如說因為老闆要出國，原本預計老闆出國前需完成的任務，改由副總負責審核，因而期限得以延長。

總之，期限是一種工具而不是目的，所以必須有彈性。

期限是一種工具而不是目的，所以必須有彈性。

16 天時、地利、人和都是談判的要件

很多人想不通這一點，眼巴巴看著空缺，卻怎麼樣也輪不到自己，很痛苦，最後離職。

有人想通了來跟我講，他說，全世界的老闆都念同一所學校，拿同一個學位，就是「老闆學」。

講功勞不講苦勞

升官的機會來了，要不要把握？

這是在職場上苦幹實幹的人可能面臨的問題。如果你看公司有一個經理空缺很久了，你要不要爭取那個位置？你可能終於忍不住對老闆說：

「我過去為公司賣命那麼久了，汗馬功勞，為什麼經理位置不是我的？」

除了「賺錢」或「對公司有所貢獻」，談判加薪沒有任何籌碼。

基本上這種心態是錯誤的，因為任何位置都不是拿來犒賞的，而是應該考量前瞻性的，你過去有功，老闆也已經給你加薪或獎金了，他認為他已經買單了，而且經理的位置離你的能力也許還有一段距離。

很多人想不通這一點，眼巴巴看著經理的空缺，卻怎麼樣也輪不到自己，很痛苦，最後離職。有人想通了來跟我講，他說，全世界的老闆都念同一所學校，拿同一個學位，就是「老闆學」。

老闆用人前只有一點考量，就是你能不能替我賺錢？能賺錢就有價值，不論你和老闆是不是有交情，任何因素都不能取代「賺錢」或「對公司有所貢獻」這一個功能。

如果你是在公家單位服務，有處長一職出缺，而你是副處長，暫代理處長職務，但別以為代理變成正的就只差一步。

因為各方角力擺不平，有時主管把職缺弄成代理的，便是要看看各方對他有什麼貢獻，給自己一個緩衝，他才有棋子可以下，一邊觀望下一步怎麼走，所以代理並不是升官的必然條件。

當然位置和加薪是息息相關的，然而加薪談判可以成功，通常要具備天時、地利、人和。

他的帳和你的帳不一樣

美國有一本書的內容很有趣，談的是孔夫子如果在世的話，他會如何要求老闆加薪？

答案是孔夫子不會主動要求老闆加薪，而是他會想辦法讓老闆主動把薪水加給他。這個觀點引出一個問題：

「老闆為什麼要加薪給你？」

你想加薪，你得提出自己對公司有什麼貢獻，你所提出的貢獻包括過去和未來，也就是告訴老闆你過去曾經為公司做過什麼貢獻。

如果老闆肯加薪，你用充足的資源，未來你還可以為公司盡上什麼心力。

你要求加薪通常你是認為自己過去對公司有功勞，沒功勞至少也有苦勞，諸如此類的，但不要以為你在公司做了什麼事情，老闆都記得，一般情況是老闆通常不記得，他記得的都是你出狀況的時候。

即使老闆手上都有一本帳，他的帳和你的帳也絕對不是同一本，所以你自己必須要有記錄，你才能具體提出你過去的貢獻。

或者你也可以跟老闆談，你「未來」可以為公司做出什麼貢獻。

即是老闆手上都有一本帳，他的帳和你的帳也絕對不是同一本。

回報在前，要求在後

一般來說，談判是「要求」先出來，也就是問對方可以給你什麼，再談你可以用什麼條件交換，也就是「回報」。

以男女之間的求婚模式來看，有兩種說法：

「如果你買鑽戒給我，我也許可以考慮嫁給你。」

還是說：「我如果嫁給你，你能不能考慮買鑽戒給我。」

一般應該是前者才要得到鑽戒，就是要求在前，回報在後。

但加薪談判恰恰相反，你不能跟老闆說，如果你加薪給我，我可以為公司做什麼什麼，這樣像勒索，通常應該是跟老闆說：

「我能為公司做什麼什麼貢獻，你能不能相對給我一些回報？」

所以加薪談判是回報在前，要求在後。

也要為老闆想一想

另外你也要替老闆評估得失。

你要問如果老闆加薪給你，他得到什麼？或損失什麼？老闆如果加薪給你，此

你不能跟老闆說，如果你加薪給我，我可以為公司做什麼什麼。

會替老闆評估得失、別人不會有樣學樣、看準時機。

例一開，是否後患無窮？

當老闆覺得他讓給你，別人不會有樣學樣時，他就有可能讓給你。所以對老闆來說，給某人加薪，他必須考慮能否杜眾人悠悠之口。

再來，你必須清楚公司的決策流程，比如說決策是由誰下的，到哪一關時會影響到誰等等。

最後，則是時機要對，例如公司的股票情勢如何、老闆的心情好不好等等，然後提出正當理由。

談判前的預備退路

要求加薪前同時必須預備退路，退路分為兩種：

一種是要有心理預備，可能得不到你要求的標準。

例如你要求加薪一萬元，如果你要一萬元就可以得一萬元的話，那你不就是老闆了嗎？

但天下事並不都如預期圓滿，你今天不是強者，而是弱者，你的退路或底限可能是七千。

如果老闆同意加薪七千，你就可以收了，感謝老闆的誠意，但同時讓老闆知道

見好就收與跳槽，是加薪談判前，先預備好的退路。

你的需求是一萬元，期望公司日後財務狀況若許可，能夠給你加薪一萬元，這就是明確表達你的目標。

但你願意讓步，就是開高走低，表示你很上道。不要看老闆願給七、八千，你的心裡就盤算，說不定一萬二都拿得到呢！如果你看對方讓步，你便將要求升高，你可能會失去對方對你的信任。

如果老闆今天「吃錯藥」，或像老外說的「下床下錯邊」，你和他談加薪，他一腳把你踢開了，你就不得不採取第二種退路，就是跳槽。加薪談不成，你有沒有地方跳？

加薪和跳槽在老闆的心裡，常是一體的兩面，當你要求加薪時，老闆心裡可能會想：

「如果我加薪給你，萬一你跳槽了怎麼辦？」

所以，考量情勢很重要，到底是你有求於老闆，還是老闆有求於你？記得，你要護著老闆的面子，他的面子第一，讓他知道你有求於他，因為如此，你絕不會背叛主子，願意為他做任何事，死心塌地、肝腦塗地為他效命，以便得到你所渴望的回報。

從老闆的角度來看，因為你有求於我，那麼我就有理由相信你不會亂搞，而且會很死忠，一旦老闆敢放手給你做，久而久之，老闆依賴你的部份越來越多。

所以顧全了老闆的面子，卻給了自己裡子。保證你不會功高震主，老闆也才會用人用得放心。

談判前的「諸侯之謀」

如果升官、加薪都不成了，你想跳槽，現在社會跳槽好像成了家常便飯，松下幸之助也說：

「現代人跳槽的情況就好像火車到站，有人上車，有人下車，稀鬆平常。」

所以不論是你自己想走人，或者獵人頭公司來找你，跳槽之前必須考慮「諸侯之謀」，就是孫子兵法說的：

「不知諸侯之謀者，不能豫交；不知山林險阻沮澤之行者，不能行軍；不用嚮導者，不能得地利。」

這段話可以作為跳槽或談判的參考。諸侯之謀就是你對公司的貢獻與主管的想法和期待是否一致？若不知諸侯之謀者就難辦了。

舉個例子，有一個女銀行家告訴我，她去應徵一家外商公司時，主管很喜歡她，希望她去做催收部門的主管，這位女生心想，雖然是空降部隊，但也可以接受。

要思考的是：你對公司的貢獻與主管的想法和期待是否一致？

然而，她必須先知道，公司現階段的發展目標，到底是市場佔有率重要，還是錢重要。

如果錢重要，市場佔有率不是那麼重要，那麼她就必須在催收帳款上加把勁。

相反的，如果市場佔有率重要，可以忍受多一點的呆帳，那麼催收的方法就不同了，不說清楚公司的目標，她就不敢上任。

另外，還有一位男士從事電腦軟體設計，去一家公司面試，該公司也到大陸設廠，但多半做硬體，而且是因公司的發展遇上瓶頸，才找這位男士來，給他某分公司的廠長職位。

但問題是他是做軟體的，公司卻是做硬體，根據公司主管說，因為公司生產硬體，對軟體不瞭解，也許找個做軟體的人來，可以給公司帶來新想法，刺激新動力，但這男士聽了還是不敢上任。

因為這公司從總經理、協理、副理，全部都是搞硬體的，學習背景、溝通語言全部不同，所以這男士講出來的意見，別人不見得能接受，他的抱負、改革未必施展得開，也許到頭來人家還會說：

「你看，我們沒有任何成見，找了個做軟體的來，最後還是沒用！」

所以這位先生何必蹚這渾水？他必須先瞭解，該公司只是抱著試試看的心態，還是對他有百分之百的倚重，這就是要知道「諸侯之謀」。

談判前的「山林險阻」

山林險阻沮澤之行指的是地形，行軍時必須知道有沒有擋路的山或沼澤。

就談判而言，就是跳槽的公司有沒有什麼阻礙，也就是你要去瞭解那兒有沒有什麼陷阱、漩渦等等會讓你掉下去的，公司的人歡不歡迎你。

說不定既得利益者表面上歡迎你，背後卻給你一支暗箭，你一跳槽過去，馬上就被推進沼澤給鱷魚吃了，連骨頭都不剩。

最後，行軍要有嚮導，不用嚮導者，不能得地利，所以得有人領路才行。

嚮導的功能分兩方面，你跳槽過去的時候，需要聽他的建議，毛遂自薦不見得行得通，因為對方老闆不知道你的身家背景，未必信得過你，縱使你身家清白，但你敢毛遂自薦，表示你恃才傲物，所以可能很難和別人相處。

你如果敢自遂自薦，就必須祈禱有伯樂懂得賞識你，但既然伯樂不多，最好有個嚮導。

嚮導除了牽線之外，還能提供資訊，例如告訴你跳槽過去後，哪個人是難惹的，哪個話題是不能提的，或者這個國家是表面招商熱烈，但政策有哪些地方是個

不用嚮導的人，不能得地利，跳槽得有人領路才行。

陷阱。

你要的是什麼？

談判前，你必須先搞清楚，我們要的是什麼？是舞台？是工作？是工資？還是訓練？

瞭解了加薪與跳槽的基本原則之後，還要問自己：

「我跳槽過去要的是什麼？」

不可能想要什麼就有什麼，必須要有優先順序（priority），是養家活口，還是鴻圖大展？當然要什麼是可以修正的，目標總是可以向下修正，重要的是要知道自己在幹什麼。

例如年輕人要的可能是學習、成長的機會，或許錢少無關緊要。

中年人要的可能不是錢，而是發揮的舞台，或者有些人要的是一種感覺，平常老闆不理我沒關係，但過年過節你總要有所表示，總要看我一下，或者是送個小禮物。

反過來看，如果你是老闆，你該如何面對屬下要求加薪？

我們常說，所有的要求就如同水上的花，只是表象，水面下還有花的根，那才

要求就如同水上的花，只是表象，水面下還有花的根。

是真正的原因所在。你身為老闆，就要瞭解底下要求加薪的目的。

了解對方的需求

中年人要求加薪的目的和年輕人不太一樣，公司的老王要求加薪，可能是要付小孩子的學費；但年輕人要求加薪，可能只是為了和同學比較。

如果你是老闆，老王為公司賣命多年，你面對他的要求，也不忍心一口回絕，當你去瞭解原因，發現原來是為了小孩子的學費，那何不來個獎助學金，先把他迫在眉睫的問題解了再說。

同樣地，面對年輕人加薪的要求，你也可以轉而提出人才養成計畫，雖不給他加薪，但讓他看到公司提供的整套福利和培訓。

你滿足了對方的利益，同時也達到cost cutting，減少了讓步所付出的成本。

大多數提出加薪的人，不見得真正要求薪水增加，他要求加薪可能為了解決房貸、證明自己很受重視、在同學之間炫耀，加薪本身不見得是他真正要的。

再者，對老闆來說，遇到年後的大搬風，到底該怎麼留住人？其實道理很簡單，要知道人家要什麼，才能留得住人，總不能老是說：

「留下來一起打拼吧！」

大多數提出加薪的人，不見得真正要求薪水增加。

但你的員工可能心裡正想：

「我上有高堂老母，下有嗷嗷待哺的幼子，誰來跟我一起打拼？你給我什麼？你怎麼說服我為你效命有前景？」

這就又回到給和取的道理，對伙計來說，就是我要什麼，你可以給我什麼，這是老闆面對跳槽問題時不得不想清楚的。

面談也是談判

提到老闆要什麼、你可以給什麼，順便談一個議題，就是面談。

因為要什麼、給什麼都可能在面試時，就必須解決。老外在面談年輕人時常會問：

「你們家有沒有養什麼寵物？」

他其實是想，愛寵物的人必定個性很溫和、很仁慈；但我們發現不一定，因為有些人養寵物是媽媽在養，自己只是回家玩玩，而不養寵物的人可能因為居家環境不方便，所以不養並不代表他不仁慈。因此，外國人從有沒有養寵物去推論個性是不準的。

外國人在面談時，有時還會要求給幾個好朋友的名單，他並不是要去聯絡這些

面談的時候，必須表現你自己。

朋友藉以打聽這個人，而是看你能講出幾個好朋友，據此推斷你的個性好不好相處等等。

但中國人常會擔心給好朋友惹麻煩，所以不太敢給名單，所以這麼問也不盡然準確。

另外面談人時，縱使發現面談者個性溫和、合群、好相處，但聘用之後卻發現沒有創造力，所以面談時，你必須表現你自己。

一切靠自己，但你也要表現你有能力、合群、有創造力、肯學好用，有了這些特質，老闆都會喜歡任用。

17

開會開到死，吵架變習慣

談判的最終極目的，在於化解雙方的衝突，先從源頭看問題，為什麼會有衝突？衝突無論來自人與人之間、部門與部門之間，或企業與企業之間，一定有一個衝突的引爆點。這也就是談判前要釐清的重點。

先釐清問題

企業內部開會，也是談判的一種形式。開會時經常沒效率，問題出在哪裏？我建議開會時抓一個重點，包括問題和解決方案（problem and solution），要清楚現在談的是問題，還是解決方案。

很多人還沒指出問題，就直接進入解決方案，解決方案談不出結果，才想到問

很多人還沒指出問題，就直接進入解決方案，當然談不出結果。

題還沒澄清呢！

所以會議要有效率，就要先釐清問題，然後找出解決方案。

讓長官出面

開完會後，如果對方不配合，又該如何解決？

開會還牽涉一個問題，就是談判時，雙方互相承諾各自完成一些事情，但會後對方卻沒有履行的動作，開完會後該送來的沒送來，變成會而不議，議而不決，決而不行。

所以，結果往往是開完會後，問題並沒有真正解決，反而「真正的問題」才剛開始呢！

如果真的很急，只好向上級請求奧援，但是這麼做，又怕長官說：

「如果什麼事都找我的話，那養你們兩個主管做什麼？」

如果一定要動用到長官，一定要利用外界的槓桿力量。

例如可能時間緊迫，或者競爭對手已經有所行動了。諸如此類的理由，表示你已經沒有時間和對方部門慢慢溝通，因此必須請長官出動。

如果時間不急迫，就沒有理由動用到長官，也就必須和對方慢慢溝通。

開完會後，問題沒解決，反而「真正的問題」才剛開始。

只能說「期待」

慢慢溝通的原則，首先就是必須注意禮數。

假設你和別部門的經理溝通，雖然他管不到你，但他的階級還是比你高，你不能說：

「報告長官，已經開完會了，期限是這個星期三。」

他可能會回你：「開玩笑，你和我談什麼期限？你憑什麼給我期限？」

所以，你不能說「期限」，只能說「期待」，所以變成：

「報告長官，我們能不能期待禮拜三拿到這份文件？」

和別部門的經理溝通，你不能說「期限」，只能說「期待」。

先送再約

還有一種情況是開完會後，你必須去收集各部門意見，於是你打電話去和別部門的主管祕書約時間，但是根本約不到，該怎麼辦？

有一個做法是，反其道而行，不是先約人，再送文件，而是先把文件送過去，再詢問秘書，不知主管看過後的意見如何？也就是先送再約。

如果開完會後，你奉命做一份報告，這份報告只差某部門一份文件就完成了，

不是先約人，再送文件，而是先把文件送過去，再詢問秘書。

數據遲遲沒有來，報告就差那麼一步，怎麼辦呢？你說：

「只好交上去了，就開天窗吧！」

然而，除非你打算引爆衝突，否則交了一份開天窗的文件，不僅無濟於事，甚至可能引發與該部門之間的嫌隙。

我建議從別處找到類似相關的數據填進去，但必須附上說明：

「如果該單位能提供確實的數據，或者說今年的數據，這份報告將會更加準確或完整。」

這麼做也表示你已在能力範圍內，做到你所能做的一切可能。

所以開完會後，要讓問題真正落幕，你必須要追蹤任務和協議的進度，有時還可以採用電話談判，並且把追蹤的記錄寫下來，保護自己。

衝突的引爆點

談判的最終極目的，在於化解雙方的衝突，要先從源頭看問題，為什麼會有衝突？

人與人之間、部門與部門之間，或者是企業與企業之間，一定有一個衝突的引爆點。

位子、資源、態度與行為，是衝突的引爆點。

有人說衝突是主觀的，我就是看你不順眼，因為八字不合，磁場不對。
也有人說衝突是客觀的，例如資源分配不均。
如此說來，衝突到底是主觀還是客觀？
其實衝突是一個三角形，衝突共有三個引爆點：
一個是位子、資源，買賣雙方位子不同，賣方想把價錢提高，買方想把價錢壓低，買賣關係存在一天，衝突也就存在一天。
或者資源分配不均，僧多粥少，不是自己回家克己復禮，反求諸己一番就會飽的，所以資源也是衝突客觀存在的一個問題。
第二個是態度，例如猜忌、敵意等等，你看我「下港」來的所以看不起我？或者，你看我學歷沒有你高，所以看不起我？這些都是引爆衝突的態度。
第三個是行為，例如對方沒有禮數，動不動頂撞我，或者搶我的車位等等，這是行為引爆衝突。這三種就構成引爆衝突的三個點。
這三個點也是三個雙向箭頭，構成一個三角形。也就是說，這三個點都會互相影響。
例如資源分配不均可能形成敵對的態度，一旦產生敵對的態度，就可能有敵對的行為，或者甚至資源分配不均直接引爆衝突的行為，衝突的行為多了也會沉澱成為敵對的態度。

不讓吵架變習慣

瞭解衝突的成因之後，如果是部門與部門之間的衝突，必須先弄清楚衝突的主從關係是什麼，何為引爆點，何為延燒點，也就是主從是什麼。

如果是同部門之間的衝突，你是主管，底下兩個職員吵架吵翻天，你把他們召喚到辦公室去，就像問診一樣，必須先瞭解他們為什麼而吵、吵多久了等等。

先瞭解「病兆」，找出引爆點。如果是資源分配的問題，你當主管的是否可以想辦法將「餅」做大一點呢？

如果引爆點是行為，就必須在行為上做約束。千萬不要把吵架變成習慣，對公司和企業有害無益，務必想辦法化解衝突。

人有三個基本需求，當這三個需求受到威脅，或無法滿足時，就會引起衝突，這三者分別為：生存，千萬不要讓別部門感覺因為你的改革使他活下去有壓力。

再來，人喜歡安定，人不喜歡忽然規則改變，或者改革帶來壓力。

人也喜歡歸屬，如果公司裏有人搞小圈圈，老是把你排擠在外，你就會不高興，可能就隱含一個引爆的種子。

就像問診一樣，先瞭解「病兆」，找出引爆點。

部門之間的談判

部門與部門之間的談判，通常有四個主要戰術：

第一，把餅做大

資源多了，你有，他也有，衝突自然平息。

第二，掛勾

例如跟對方表示，這個條件你答應我的話，那個條件我就答應你。

第三、切割

切割常被視為談判的鐵律，這塊是我們部門的，那塊是你們部門的，天下豈有贏者全贏，輸者全輸的道理，贏者不全贏，輸者不全輸，才有談判的可能。

第四，交集

例如兩個部門同時在搶人，A部門要張三，B部門也想要張三，於是你只好將

把餅做大、掛勾、切割與交集，是部門間四個主要戰術。

張三歸總部管，或者張三成立機動部門，支援各部門。

解決衝突的障礙

公平、敵意、認知、讓步與面子，是解決衝突時最常遇到的五大障礙。為了談判的順利，必須留意先解決衝突的五大障礙。

一、公平

公平是針對程序，中國人常是「不患寡，而患不均」，這種心態好像蠻社會主義的。

像拆違建時，我們就會想：「為什麼拆我家，不拆他家？」

警察就問：「那你家有沒有違建？」

你回答：「有！但不管！為什麼只拆我家？」

大多數人闖了紅燈被抓，只忙著問：「為什麼前面那輛不抓？你警察為什麼大小眼？」

這些例子裏面的衝突，都是因為當事人在乎公不公平的問題。

解決談判衝突前，先了解是遇到什麼障礙。

二、敵意

敵意是針對人，古人說：「勿以人廢言。」也就是不要因為你不喜歡這個人，就忽略了他講的意見。雖然你不喜歡這個人，但他的意見可能不錯。

然而儘管老祖宗這麼說，但實際上卻經常以人廢言，變成「狗嘴吐不出象牙」。當我討厭你時，你有什麼狗屁意見我都不想聽。

三、認知

對議題的認知，有人認定這個議題不可能雙贏，不是你贏，就是我贏。

四、讓步

我如果讓步，對方會不會回報？如果對方不回報，我何必讓步？我讓步多沒面子？這就牽涉到面子。

五、面子

當雙方發生衝突，引來圍觀的人時，隨著圍觀的群眾增多，面子卡得就越緊，因為面子下不了台。

這五大障礙又該如何解套呢？

這時第三者變成很重要，所以談判時「調停者」扮演很重要的角色。

不可或缺的調停者

調停不同於仲裁，仲裁好像決定張三對，李四錯，調停時章法很重要，是把張三和李四都找來，居中傳達訊息，剔除雙方的情緒因素，幫忙釐清問題，使雙方可以坐下來認真談判。

調停者只管過程，結果是談判兩造去協議出來的。

為了化解這五大衝突，例如針對程序的公平性問題，得有第三者出面保障；如果雙方互懷敵意，調停者就必須居中穿梭，替雙方修補形象。

所以雖然扮演傳訊者的角色，但卻不是有話就傳，傳訊者不是被動的傳聲筒。必須考慮，如果會使雙方關係火上加油的話，寧可聽了卻不傳，別忘了當初的目的是要消除敵意。

如果雙方認定問題不可能造成雙贏的局面，因此不願談判，所以也需要第三者去點撥一番，提醒雙方不要把問題想到牛角尖裏去了。

所以調停者的存在，是要詮釋問題。這是服務還是福利？是你幫我，還是我幫

李四，如果張三願意如此如此讓步，你願不願意做這樣的回應呢？

你？調停者引導雙方從不同角度看問題，視野一下子便會豁然開朗。

至於我如果示弱，對方會不會回報，會不會變成狗咬呂洞賓？所以一方如果願意讓步，委託調停者前去傳達時，通常是這樣的模式：

「李四，如果張三願意如此如此讓步，你願不願意做這樣這樣的回應呢？」

這話看不出是張三的意思，還是調停者的意思。如果看李四的反應十分積極正面，便可以說這是張三的意思；如果李四的反應十分負面，調停者只好說這是他自己亂想的。所以調停者必須能放能收。

這個例子是張三將面子壓在調停者身上，由第三者去替他擋，如果李四拒絕，張三也不至於沒面子，也比較敢於提出條件。

所以雙方怕沒面子時，調停者便可出面要回報，調停者進來，也是為了讓當事人可以下台，以免造成坐轎者想下轎，抬轎者卻不讓他下轎的局面。

所以公司裏調停者的角色，是不可或缺的。

18 每次談判，都是一次學習

談判是一個學習的過程，「學」是什麼意思呢？就是我們都在看對方的反應，決定我下一步該怎麼做。人是聰明的，因為人會學習。談判到最後，就好像儀式一樣，該怎麼辦，大家行禮如儀。

留一刀讓他砍

什麼是談判？

談判其實是一個共同決策的過程，也有人說，談判是一個學習的過程，「學」是什麼意思呢？就是我們都在看對方的反應，決定我下一步該怎麼做。人是聰明的，因為人會學習。

知道買方有這種習性，不妨就在尾巴多留一點讓他砍。

我到一個電腦公司上課，公司的業務代表就分享了他的經驗。

他到一些公司賣東西，價錢明明都談好了，到最後公司的副總還會出來再砍一刀，業務就說我們的東西品牌好、服務好、品質好等等的，對方回說：

「你講的我通通都知道，我也通通都同意。」但最後他還是要砍一刀！

這業務代表也非等閒之輩，久而久之，業務最後決定，既然他堅持要砍一刀，我們就留一刀讓他砍。

這就是一個學習的過程，知道買方有這種習性，不妨就在尾巴多留一點讓他砍。談判到最後，就好像儀式一樣，該怎麼辦，大家行禮如儀。

三類學習法

人到底是怎麼學習的？

心理學家發現，關於學習可以將人分成三大類：

第一種人很會自我檢討，例如他會估算：這一條路我沒有走，因為這樣，我損失多少？下一次他就知道他不應該往東走，而應該往西走。

第二種人是從成功的經驗去學習，我第一次品嘗這菜，覺得好吃，第二次再吃，也一樣好吃，下次我就知道要點這菜，這種人有了第一次成功的經驗，下回就

談判者莫不在冷眼旁觀，因應情勢做改變。

會堅持原案。

談判者的學習過程也一樣，當他一次成功之後，以後就會參考成功的經驗，做戰略的調整。

第三種人是賞罰分明，也就是採取你兇我也兇，你軟我也軟的手段，對方也會學習，他知道他軟的時候，對手才會軟下來，因為這樣，他必須軟下來，他的改變是因為被教育。

這樣看來，談判者莫不在冷眼旁觀，因應情勢做改變。

記得我到印度旅行那次，同團中有幾個婦女，買了Cashmere圍巾打了對折，於是「那家店可以打對折」的消息便在團員中奔相走告，同團的成員於是也想在那家店享有同樣折扣。

但對店家來說，你們成群結隊來買，都想拿五折，那我豈不是沒有賺頭？於是店家就知道下次價錢要提高些再賣。

既然談判是一種學習過程，那麼該如何教談判者學習？

談判學者發現，對象必須要有腦筋才能夠教，才能夠學。

有些人天生二愣子，只會一千零一招，別的他不會，於是他便吃了秤砣鐵了心，就用這一招，這種人你再怎麼引導他，無論賞罰分明、威逼利誘都沒有用。

學習理論碰到這種人就沒輒，這也是學習理論的限制。

說大人則「藐」之

萬一老闆今天「吃錯藥了」，或者如老外說的「床下錯邊了」，談著談著他一下子失去理性該怎麼辦？

面對上頭來的熊熊怒火，你如何招架？

孟子說：「說大人則『藐』之。」你去說服「大人」的時候，也就是面對比你位高權重的人時，你不妨將他看低一點。

所以假設對方是個大老闆，他發飆了，而我又是比他年輕的，該怎麼辦？我建議兩個做法：一是把對方的情緒當假的，如果你每次都當真，對方生氣起來，萬箭齊發，你豈不是萬箭穿心而死？

所以遇到這種狀況，務必冷靜，分析他為什麼會如此。先處理好情緒，再來才是談判的言辭。

假如你是處於弱勢，遇到位高權重者發火了，你就先暫停，等他講完，不要和他正面衝突，等他發飆完了，接續你剛剛未完的話題，繼續講，如果他再發飆，又打斷你的話，你就再暫停，等他發洩完了，你再把剛才的話講完。

確保不會在大火中粉身碎骨，而且至少能完整傳達訴求。

這樣做表示你的不屈不撓，你的意見必須表達完畢，對方大老可能會很好奇：

「你怎麼罵不怕？你一定要把話講完，好！那我就聽你講！」

這樣確保你不會在大火中粉身碎骨，而至少能完整傳達你的訴求。

要能拉回話題

另外，不只是針對長官的怒火，你必須暫停談判。而面對對方不斷地岔題，必要時，你也要暫停，把話題拉回來。因為談判時，把話講完很重要。

或者，你可以使用「倒帶法」，不只針對強勢，針對弱勢也可以用這個方法。

假設你和對方在談判，本來在談A，談著談著，對方把話題引到B去了，你也跟著談B，接著又跳到C，你一時不察，也被引到C，又跳到D，談話題A時你還很有把握，B也還算行，C不太在行，但勉強可應付，到了D你完全不行，於是你就被鉗制在D，別人抓住你的弱點：

「你連這個都不懂，怎麼來跟我談！」

舉個例子，好比我和人聊「談判」，聊著聊著，對方就說：「要說談判，就不能不瞭解心理學。」於是我們話鋒一轉變成聊到心理學去了。

說到心理學後，對方又說：「每個國家的情況不同。」於是又說到文化人類學

你說的B很有道理，不過重點還是我剛才說的……

去了。接著又扯到最近有個考古新發現，對文化人類學有幫助，我們就從談判學一路扯到考古學。

原本是我的專業，還可從容應付，到了考古學我就完全不在行了，這下好了，我一時不察便被人制死在考古學的話題上：

「你連這個都不懂，教什麼談判學！」

所以孫子兵法上說：城有所不攻。有些東西我們不碰，當一路滑下去時，你就必須有所警覺，用倒帶法拉回話題：

「你說的B很有道理，不過重點還是我剛才說的……。」

這樣就把話題又引回A。這種方法就是當我們的話題被打斷或被岔開時，可以採用的手法。

向長官表達意見

向長官表達意見時，有五個談話的技巧：

一、講話必須有重點

在公司開會時，有些同事常犯一些毛病，不叫他坐下來，他是不會坐下來的，

重點、時機、得失、場地與見好就收，是向長官表達意見的技巧。

或者他在那兒不斷繞著同樣的話題，一直重覆，這就叫沒重點。

二、引出重點的時機必須恰到好處

如果你要和長官談的，是長官熟知的話題，你一開始就要講重點。

相反的，如果是不熟的，而且是你想加以說服的，便按捺住，直到最後才把重點祭出來。所以重點可以在頭出來，也可以在尾巴出來。

三、祭出得失

所有的重點都涉及「得失」，所以要從得失的角度和長官談，你向長官賣一個點子時，你不妨先想：

「他會得到什麼？」

並非每個長官都是聖人，你光是和他說公司能得什麼，他算一算，公司有得，但他有失，例如他的位置變小了，權利被剝奪了等等，所以最好是公司得，他也得，公司和長官的利益結合才有進行的可能。

但在這同時，還要考慮他會失什麼？如果長官答應你，他會不會失掉面子？還是他會失去裡子？

對一個長官而言，失去面子，可能就失去他領導統御的基礎，所以屬下一定要顧及他的面子，考慮他可能失去什麼，你的得和他的得有沒有交集。

四、慎選場地

注意場地的問題，也就是在哪兒談？

如果在公司裡，或在長官的辦公室裡談，是他權力最強的地方，如果是在公司出遊時談，不在辦公室裡，他的權力就比較弱，因為場地的氣氛不同。

選擇場地時，必須考慮談判是否攤牌，如果打算攤牌，就選擇正式的地方談判，才能用議事規則的力量，借力使力。

話說回來，如果你不想攤牌，就選擇不正式的地方談，例如打球的場合、爬山的場合、下午茶的場合之類的，這時比較容易用私人的身分向長官請益。

例如我是你的長官，也是你的老師，如果在公司裡你用官方的稱謂叫我總經理，我就用總經理的態度回答你。出了辦公室，你叫我老師，我就用老師的態度回答你。

在這個原則裡，場地和身分有密切關聯。

五、見好就收

適可而止，表現出來的就是「開高走低」。

不「開高」，沒人知道你要什麼。如果你要一百元，你不講出來，誰知道呢？但你要一百元，最後肯定無法順利要到一百元，長官願意給你七十，你見好就趕快收，讓長官知道七十你可以接受，但你真正要的是一百，將來公司財務狀況如果許可的話，能否補給你三十？

這就是「開高走低」的原則。

最後，所有的談判，不論對內或對外，都必須注意「時機」，千萬不要哪壺不開提哪壺。

也因此，談判必須眼觀四面，耳聽八方，什麼場合提什麼問題比較適當。如果今天長官忙得不可開交，或者他最近因為公司頭寸的問題焦頭爛額，你這時跳出來談判，長官根本沒心情聽，時機沒抓好，就會被人認定你只關心你自己的事，如此談判肯定沒有成效。

在會議上推銷意見

在公司內的談判，最常發生在會議桌上，以下四個會議桌上的原則，是我們要

目的、重點、提案與見好就收，是在會議上推銷意見的原則。

遵守的：

一、談判目的因人而異

也就是說，你必須先弄清楚今天是和誰開會，和長官開會，最後你可能預期達到放行的綠燈（approval），聽到長官說：

「好吧！你就去幹吧！」

你要的是長官的同意，你才能往前走；和同事開會，你希望得到他的支持（support）；和屬下談判，最後你可能要的是資訊（information）。

你既然是他的長官，你要他做什麼，量他也不敢不去做，但你可能要的是他知道而你卻不知道的「資訊」，要他知無不言，言無不盡，不至於該提醒不提醒，該告知而不告知，或者是他能替你多往前想的部分。

中國古代拍馬屁的人，多半具有這種特質。他能替主子多想幾步，讓主子感受到為臣的忠心。

二、在會議上講重點

最好在會前還能先吹吹風，先放放風聲，讓人知道你有這個意見，即將提這個重點，千萬別讓主席來個措手不及，先讓主席有個底，以免提案一下子被打掉了。

大多數的人都禁不起「真的臨時動議」，必要時你必須在會議上先講，不要想你是年輕人，開會時怎好先發言？一旦你拖著不講，禮讓別人先講，別人來個臨時動議，整個會議重點扯偏了。

所以你既然做了準備，也放了風聲，當主席說，有沒有臨時動議時，你不妨就將意見提出來，不必客氣。

一旦逮到發表意見的機會，就直接講重點，千萬不要從「天寶年間」開始說起，誰有精神聽呢？

而且你想要A就直接提A，不要再用B、C去混淆重點，有人以為A、B、C都提，最後能留個A也不錯，這種想法是錯誤的，因為別人搞不清楚你要什麼，想幫忙連怎麼幫都不知道。

千萬不要到頭來，你想要的沒要到，只得到幌子。

三、怎麼提案？

接下來牽涉到的是怎麼提案？萬事都具備了，還要顧慮到有沒有你的盟友會被掃到？

先告知可能被影響的部門，並且給予保證，你將會提出補救措施，這樣一來，相關部門雖然不會立即贊成，也不至於馬上反對，因為你已經預先打過照面了。

四、見好就收

你想要一百元，要到了七十元時就收場，其它的三十元以後再說，免得賠了夫人又折兵。

國家圖書館出版品預行編目資料

學會談判／劉必榮 著. -- 四版. -- 新北市：文經社，2018.12
面；　　公分
ISBN 978-957-663-745-2（平裝附光碟片）

1.談判 2.談判策略

177.4　　　　105006105

文經社

學會談判

著 作 人—劉必榮
社　　長—吳榮斌
主　　編—管仁健
美術設計—曹艾霖
封面設計—平衡點設計
文字整理—黃丹力、管仁健
內文排版—博客斯彩藝有限公司
出 版 者—文經出版社有限公司
登 記 證—新聞局局版台業字第2424號
＜業務部＞：
地　　址—241 新北市三重區光復路一段61巷27號11樓A（鴻運大樓）
電　　話—（02）2278-3158・2278-3338　傳　　真—（02）2278-3168
E-mail—cosmax27@ms76.hinet.net
郵撥帳號—05088806文經出版社有限公司
印 刷 所—博客斯彩藝有限公司
法律顧問—鄭玉燦律師（02）2915-5229

發 行 日—2006 年 3 月 第一版 第 1 刷
　　　　　2018 年 12 月 第二版 第 1 刷

定價／新台幣 280 元　　Printed in Taiwan

缺頁或裝訂錯誤請寄回本社＜業務部＞更換。
本社書籍及商標均受法律保障，請勿觸犯著作權法或商標法。

文經社在「博客來網路書店」設有網頁。網址如下：
http://www.books.com.tw/publisher/001/cosmax.htm
鍵入上述網址可直接進入文經社網頁。